EL LEGADO DE LOS KIRCHNER PARA ARGENTINA

LIBRO DOCUMENTAL

NORMA ESTELA FERREYRA

ISBN: 978-1-326-58332-3

NOTA PRELIMINAR

Hay muchas cosas irrefutables y estas son algunas de ellas.

Como mis lectores saben, en los libros documentales, la tarea del escritor no es creativa, sino de investigación y de selección.

Muchos ya han leído, la saga de "Periodismo sin miedo" en donde me refiero a la Política Internacional, a través de quienes opinan, independientemente, sobre ciertos temas.

Con respecto a la selección que hago de ellos, conviene destacar que siempre elijo a los más acreditados profesionales, que se basen en la verdad.

Aunque pedirles imparcialidad es algo utópico, ya que la formación de cada uno, inclina la balanza hacia su propio criterio en el análisis político. Algo que vale para mí misma, cuando analizo las notas que voy a publicar.

Pero, tal vez, estos datos que son fáciles de verificar puedan esclarecer a los lectores, quienes serán libres de analizarlos, de aceptar o rechazar los criterios vertidos y contraponerlos a otros que hubiesen sido publicados o no, que reflejaran otra manera de pensar y de sentir, en referencia a los mismos asuntos.

La autora

Se ha tomado, la derrota de Daniel Scioli, por mínimo margen, como la derrota de Cristina Fernández de Kirchner, algo que no tiene ningún asidero, ya que ella hubiera ganado a Macri, las elecciones, por amplio margen.

La despedida de su pueblo en la Plaza fue conmovedora y la más inmensa que se hizo en mi país en mucho tiempo.

Pero vamos a analizarlo juntos.

ANTECEDENTES DEL BALOTAJE, EN DONDE EL PRESIDENTE MAURICIO MACRI, LE GANA A DANIEL SCIOLI POR ESCASO MARGEN

El candidato de Cambiemos ganó el balotaje con 51,40% de los votos contra 48,60% de Scioli (FpV)

Es necesario manifestar que la gran popularidad reflejada por la ex Presidente saliente, Cristina Fernández de Kirchner, no se vio reflejada en el candidato Scioli, aunque quedan dudas acerca de los resultados reales, como veremos más adelante, en la segunda parte.

Es bueno señalar que los K, como se les llama a los ex presidentes Kirchner, estuvieron por tres períodos consecutivos gobernando Argentina y que durante ese período se realizaron muchísimas obras, que es necesario destacar, aún a riesgo de olvidar alguna, porque éstas son, entre otras cosas, el motivo del gran apoyo popular hacia ambos.

También hay que decir, que se postergaron algunos asuntos importantes, como la reforma del Poder Judicial por medio de una nueva Constitución, el tema de los agrotóxicos, las semillas transgénicas y la minería, entre otras cosas.

500 COSAS QUE HIZO EL KIRCHNERISMO

1. Cancelación de la deuda total con el FMI.
2. Rechazo a las presiones y monitoreos del FMI.
3. Renegociación de la deuda con el Club de París, sin pago hasta que no haya quita.
4. Fin de las relaciones carnales con los EE UU.
5. Contra cumbre ALCA, en Mar del Plata.
6. Fortalecimiento de relaciones con países latinoamericanos.
7. Fundación y conducción de la Unasur.
8. Firma del Código Aduanero del MERCOSUR.
9. Perfil propio dentro del G-20.
10. Acuerdos estratégicos con Qatar, Kuwait, Turquía, China y México.
11. Presidencia del foro mundial G77 + China. La Argentina fue elegida por votación unánime.
12. Acuerdo para la Alianza Estratégica Argentina-Venezuela (creación del Banco del Sur, complementación industrial binacional, entre otras).
13. Ley de Reforma política. Democratización de la representación política.
14. Regulación del financiamiento de las campañas políticas.
15. Disculpa del Estado Nacional ante la República del Perú por la participación Argentina por la venta de armas a Ecuador durante el conflicto con Ecuador.
16. Convenios económicos y políticos durante la visita de Cristina y su comitiva a Perú.
17. Convenio marco Argentina-Bolivia para venta de gas natural (condiciones de abastecimiento de gas natural de Bolivia a la Argentina por 20 años).

18. Programa Federal de Desendeudamiento de las Provincias. Se reestructuró el 89% de las deudas con dos años de gracia para el pago. Implicó e implica más recursos para desarrollo y asistencia social en cada jurisdicción.

19. Defensa de la Soberanía Nacional, aún frente a países poderosos del mundo (por ejemplo: el avión estadounidense que traía armas, drogas y material informático de contrabando).

20. Decreto presidencial por el que la Argentina reconoce a Palestina como Estado libre e independiente.

21. Límite a la extranjerización de tierras.

22. Participación de la presidenta ante el Comité de Descolonización de Naciones Unidas.

23. Exitosa campaña de búsqueda de apoyo internacional por la recuperación de la Soberanía de las Islas Malvinas.

24. Creación de las PASO: Primarias Abiertas, Simultáneas y Obligatorias.

25. Participación activa de la Cancillería Argentina en contra del Golpe de Estado en Paraguay y Honduras.

26. Impulso argentino para la creación del Consejo contra el Crimen Organizado en el marco de la Unasur.

27. Promoción de la incorporación de Venezuela como miembro pleno al Mercosur.

28. Intervención y expropiación de la Compañía de Valores Sudamericana (ex Ciccone Calcográfica) dedicada a la impresión de papel moneda.

29. Triunfo en la Corte de Nueva York ante el reclamo de los fondos buitre.

30. Recuperación de la Fragata Libertad, retenida en Ghana.

Organización y Participación Popular

31. Recuperación del debate político.
32. Convocatoria a la militancia activa de los jóvenes.
33. Creación de Cooperativas Argentina Trabaja.
34. Lanzamiento de la CANPO (Corriente Agropecuaria Nacional y Popular).
35. Creación de las Mesas de participación ciudadana para el monitoreo del accionar policial.
36. Creación de 610 Centros Integradores Comunitarios. Los CIC son espacios públicos construidos en todo el país, para la participación de diferentes actores que trabajan de modo intersectorial. Promueven la inclusión social y el mejoramiento de la calidad de vida.
37. Programa Nacional de Formación Política en versiones presencial y virtual dependiente del Ministerio del Interior y Transporte.
38. No represión a la demanda social.
39. Voto a partir de los 16 años.
40. Masiva Fiesta Patria Popular por el Bicentenario.

Justicia y Derechos Humanos

41. Política estatal activa en relación con los DD HH. Pedido de perdón a las víctimas en nombre del Estado. Baja de los cuadros de Videla y Bignone del Colegio Militar. Pérdida de grado, a todos los condenados e inhumación sin honores militares. Cárcel común a genocidas.
42. Nulidad de todas las leyes de impunidad: Punto Final, Obediencia Debida, indultos.

43. Condena efectiva para 322 imputados por crímenes de lesa humanidad a partir de la anulación de las leyes de impunidad.

44. Juicio a militares responsables de la dictadura.

45. Juicio a civiles responsables de la dictadura: presentación del informe Papel Prensa-La Verdad.

46. Depuración de la Corte Suprema "Automática" Menemista y designación de una Corte Suprema Justicia digna.

47. Impulso a la investigación del crimen del militante Mariano Ferreyra y aporte del testigo clave.

48. Política de intervención activa del INADI.

49. Ley de Matrimonio Igualitario.

50. Apertura de archivos secretos. Tema: Embajada judía y AMIA.

51. Apertura de archivos secretos. Tema: Terrorismo de Estado.

52. Ley que penaliza la Trata de Personas (sexual, esclavismo, privación de libertad, extracción compulsiva de órganos).

53. Relevamiento de Centros Clandestinos de Detención en todo el país.

54. Ley de creación del Banco Nacional de Datos Genéticos como organismo autónomo y autárquico dentro de la órbita del Ministerio de Ciencia, Tecnología e Innovación Productiva.

55. Creación del Espacio para la Memoria y la Promoción de los DD HH (en la ex ESMA).

56. Adhesión a la convención internacional sobre imprescriptibilidad de crímenes de guerra y lesa humanidad.

57. Procesos judiciales y sentencias efectivas a los jueces cómplices de la dictadura (Luis Miret, Otilio

Romano, Luis María Vera Candioti, entre otros). La Cámara de Casación investiga a 35 jueces, incluyendo a dos camaristas.

58. Incorporación de la figura de "desaparición forzada de personas" al Código Penal (un delito que no estaba tipificado como tal).

59. Conformación de una comisión de expertos para proponer cambios a la ley de adopción. Agiliza la adopción legal y evita el tráfico de niños.

60. Programa de Acceso a la Justicia para Todos. Ya son 18 los centros que prestan servicios gratuitos de orientación jurídica, mediación y asistencia social y psicológica. Entre 2010 y 2011 se atendieron 50 mil consultas.

61. Fomento a la oralidad de los juicios y al instituto de la mediación.

62. Creación de la Licenciatura en Tratamiento Penitenciario. Primera carrera de grado en América Latina destinada a personal penitenciario.

63. Ley contra el lavado de dinero.

64. Decreto presidencial prohibiendo la oferta sexual en los diarios.

65. Apelación ante la Corte Suprema para la vigencia del art. 161 de la Ley de Medios (con fallo favorable de la Corte y plazo de desinversión hasta el 7/12/12).

66. Impulso a la Ley de Identidad de Género.

67. Unificación y actualización de los Códigos Civil y Comercial.

68. Conformación de la Comisión pluripartidaria para elaboración de un nuevo Código Penal.

69. Ley de Muerte Digna.

70. Seminarios de formación en DD HH. Convenio de cooperación del Instituto Nacional de Formación

Política (organismo dependiente del Ministerio del Interior y Transporte) y la Asociación Abuelas de Plaza de Mayo.

71. Políticas de Reinserción Social en Cárceles del Servicio Penitenciario Federal.

72. Móvil de DNI y Pasaporte en la XXI Marcha del Orgullo Lésbico-Gay-Bisexual-Trans. En el evento se realizaron trámites de rectificación registral de sexo y cambio de nombre de pila e imagen de 1469 personas trans, que obtuvieron su nuevo DNI en solo tres meses.

Educación y Cultura

73. Creación de los canales: Encuentro, Paka Paka e INCAA TV.

74. Ley de financiamiento educativo (Ley N° 26.075/06).

75. Aumento progresivo de la inversión total en educación, ciencia y tecnología Se superó la meta del 6% del PBI para Educación.

76. Derogación de la Ley Federal de Educación.

77. Promulgación de la Ley de Educación Nacional.

78. Promulgación de la Ley de Educación Técnico-profesional.

79. Jerarquización de la enseñanza técnica.

80. Programa Conectar Igualdad: Distribución 3,4 millones de netbooks para estudiantes secundarios.

81. Creación de 1314 escuelas en todo el país.

82. En 2011, se aprueba un plan para la creación de otras 490 escuelas y de 530 nuevas salas de cuatro años en escuelas ya existentes.

83. Creación de 9 Universidades Nacionales.

84. Ley de Educación Sexual Integral.

85. Programa Nacional de Alfabetización.

86. Programa FinEs: para quienes deben acreditar estudios primarios o secundarios.

87. Plan FinEs 2: 15 mil compañeros cooperativistas (del Programa Argentina Trabaja) inician o completan Estudios Secundarios, 1000 de ellos ya cursan estudios terciarios / universitarios en la Universidad Nacional de Quilmes.

88. Restauración y puesta en valor de 12 museos nacionales.

89. Desarrollo de los CAI y CAJ (Centros de Actividades Infantiles y Centros de Actividades Juveniles) para el acompañamiento socioeducativo de niños y jóvenes.

90. Proyectos: "Subite al colectivo", "Murales que hablan", "Pueblos con memoria" y "Videos para contar" para el desarrollo de la expresión artística de los jóvenes en el marco de los CAJ.

91. Feriado por el día de la Soberanía Nacional. Reconocimiento a la figura de Juan Manuel de Rosas.

92. Inauguración de la casa del Bicentenario. Se realizan ciclos de música, exposiciones permanentes y temporarias, conferencias, cine, mesas redondas y un intenso programa educativo.

93. Programa nacional de inclusión educativa. Unos 100 mil niños y jóvenes volvieron a la escuela gracias a las becas "todos a estudiar" dirigida a jóvenes de entre 11 y 18 años; y "volver a la escuela": dirigida a niños y jóvenes entre seis y 14 años de todo el país.

94. Creación del Banco Nacional de Contenidos (BACUA) para fortalecer el desarrollo de nuevas señales de televisión.

95. Concursos para el desarrollo de nuevas ficciones con convocatoria a nuevos autores y actores de todo el país (El Paraíso, Perfidia, Los pibes del puente, La defensora, Entre horas; entre los ya emitidos).

96. Creación del Instituto Nacional de Revisionismo Histórico Argentino e Iberoamericano Manuel Dorrego.

97. Resolución 174/12 del Consejo Federal de Educación.

98. Programas del Ministerio de Educación destinados a mejorar la calidad institucional y a la participación de los jóvenes: Convivencia y Mediación Escolar, Observatorio de Violencia en las Escuelas y Parlamento Juvenil, entre otros.

99. Plan de Mejora Institucional para favorecer las condiciones de permanencia de los jóvenes en la escolaridad secundaria.

100. Inauguración del Instituto de Educación Bilingüe español-qom en Pampa del Indio, Chaco.

101. Incorporación del Circo Social del Sur (formado por pibes villeros) en los espectáculos estables de Tecnópolis.

102. Proyecto del Polo Audiovisual.

Trabajo

103. Ley de Paritarias.

104. Refundación del Consejo del Salario Mínimo, Vital y Móvil.

105. Derogación de la Ley de Flexibilidad Laboral.

106. Baja de la Desocupación: En 2003: 24,7%. En 2013: 7,8 por ciento.

107. Fondo Fiduciario para Promoción de Industria del Software.

108. Demanda judicial a empresarios que contratan trabajo esclavo.

109. Programa de apoyo a pymes (generación de empleo).

110. Crecimiento de la Construcción (generación de empleo).

111. Modificación de los topes indemnizatorios por accidentes de trabajo.

112. Aumento del piso indemnizatorio por accidentes de trabajo para las categorías más bajas.

113. Programa RePro (Recuperación Productiva) destinado a ofrecer ayuda monetaria a las empresas para que pudieran pagar salarios sin producir suspensiones o despidos. Los programas PPC y RePro evitaron el crecimiento de la desocupación durante la crisis internacional de 2008. Fue reconocido por la OIT.

114. Actualización del Mínimo No Imponible y de las deducciones personales. Permitió mejorar el salario real de los trabajadores.

115. Programa PPC (Procedimiento Preventivo de Crisis) destinado a resolver los problemas de las empresas en crisis.

116. Modificación de la Ley de Quiebras. Los trabajadores tendrán la opción preferencial para asumir el control y la continuidad de esas empresas (legitimación del accionar cooperativo en las empresas recuperadas).

117. El Ministerio de Trabajo y la Organización Civil y Cultural "Yo no fui" llevan adelante los primeros talleres de capacitación laboral dirigidos a mujeres en libertad condicional y transitoria del penal de Ezeiza.

118. 130 mayores de 45 años desempleados finalizaron la capacitación ocho meses en teletrabajo, en el marco del programa de capacitaciones en alfabetización digital y teletrabajo
119. Declaración presidencial designando al año 2011 como "Año del Trabajo Decente, la Salud y Seguridad de los Trabajadores". Toda la papelería oficial llevó este membrete.
120. Nuevo estatuto del Peón Rural.
121. 108 ex detenidos reciben el Seguro de Capacitación y Empleo (Convenio Nación - Prov. de Salta).
122. Creación de 60 centros socio-educativos para hijos de trabajadores rurales con el fin de evitar el trabajo infantil (Convenio Nación - Prov. de Mendoza).
123. Capacitación y certificación de Competencias Laborales en Teletrabajo.
124. Convenio del Ministerio de Trabajo y el INADI para protección y promoción de derechos de trabajadores y trabajadoras del colectivo LGTB en el ámbito laboral.
125. Creación de la Red de Servicios de Empleo destinado a personas con problemas de empleo, posibles empleadores y microemprendedores.
Economía
126. Salida del default.
127. Renegociación de la deuda externa, con quita del 76 %, que es el equivalente a la deuda ilegítima.
128. Unificación monetaria. Se rescataron la totalidad de las cuasi-monedas (patacones, lecop, federales, etc.) por un valor de 8000 millones de dólares.
129. Crecimiento económico sostenido.

130. Superávit fiscal.

131. Reservas récord del Banco Central.

132. Retenciones a la megaexportación sojera.

133. Reestatización y control público de Aguas.

134. Mejora cualitativa de las importaciones (las importaciones de bienes de capital alcanzaron el 41%, consolidando el crecimiento económico).

135. Alta rentabilidad para el sector agropecuario (a partir de 2003 ya no hubo remates judiciales de tierras por quiebra).

136. Crecimiento de la inversión pública. En 2003: 0,9% del PBI, en 2010 fue de 3,5% del PBI (sin tomar nueva deuda).

137. Récord de producción automotriz: casi 900 mil unidades por año.

138. Ley de suspensión de ejecuciones hipotecarias para viviendas únicas (junio 2003).

139. Reactivación del consumo privado e incorporación de nuevos consumidores.

140. Achicamiento de la diferencia para la ecuación deuda pública/PBI.

141. Superávit comercial.

142. Estatización de Aerolíneas Argentina.

143. Control del flujo de salida y entrada de capitales asociados a la especulación (capital golondrina).

144. Ante la baja de los bonos de deuda en 2008 (por efecto de la crisis internacional), se aprovechó para recomprar bonos de deuda a más bajo costo. Eso generó ahorro fiscal.

145. Crecimiento de la inversión privada. Se superaron los niveles máximos de la década del '90, pero sin endeudar al país ni regalar los bienes del Estado.

146. DNU para designar miembros estatales en el directorio de las 42 empresas privadas donde el Estado tiene acciones (Techint, Clarín, Telecom, entre otras).

147. Aumento del mínimo no imponible para el pago de impuesto a las ganancias.

148. Acuerdo con Mercedes Benz y Volkswagen para equilibrar sus balanzas comerciales (plazo: abril 2012) a través de un fuerte aumento de las exportaciones y por la sustitución de autopartes por piezas locales.

149. En 2008 las AFJP pasaron al Estado. La ANSES no vendió su paquete accionario a pesar de la presión empresaria para recomprar las acciones. En 2011, el valor de esas acciones se había triplicado (de 7100 millones a 22.400 millones de pesos).

150. Apertura de nuevos mercados internacionales: China, Angola y Azerbaiján.

151. Reforma de la Carta Orgánica del Banco Central.

152. Exigencia a los bancos públicos y privados de la creación de líneas de préstamos para la producción equivalentes al 5% de su capital disponible.

153. Control a la compra indiscriminada de divisas extranjeras.

154. Política de sustitución de importaciones.

155. Cancelación de los Boden 2012, último resabio del corralito de 2002, por un valor de 2300 millones de dólares (agosto/2012).

156. Cancelación de los cupones ligados al PBI por la restructuración del defaulteo de la deuda por un

valor de 3400 millones de dólares (en diciembre/2012).

157. Lanzamiento de los bonos YPF para pequeños ahorristas. La confianza de la gente en los bonos de la empresa estatal duplicó las expectativas del gobierno.

Infraestructura, energía, documentación y transporte

158. Inauguración de la Autopista Córdoba-Rosario.

159. Reestatización del ferrocarril Belgrano Cargas.

160. Acuerdo estratégico con China para la reconstrucción del sistema ferroviario.

161. Inauguración de nuevas instalaciones del Registro Nacional de las Personas, para la rápida confección de DNI y pasaportes.

162. Talleres y camiones de centros de atención móviles para la realización de DNI en el mismo día.

163. Gasoducto por Estrecho de Magallanes. Eleva la capacidad de transporte de 11 a 18 millones de m³ diarios, y permite abastecer a todo el país, en especial a los polos petroquímicos de Bahía Blanca y Dock Sud.

164. Pavimentación de la ruta 40. Conecta 11 provincias, 21 ríos y 20 parques nacionales o reservas. Es estratégica para integración del país y para el turismo. Avance de obras: 85 por ciento.

165. Inauguración de 206 viviendas en Tartagal.

166. El Banco Internacional de Reconstrucción y Fomento (BIRF) aprobó por unanimidad un crédito de $ 800 millones para el financiamiento del "Proyecto de Infraestructura Hídrica del Norte Grande II".

167. Avances en las obras de infraestructura necesarias para que en 2016 el 8 % de la energía

consumida en el país provenga de fuentes renovables

168. Crecimiento del tendido de líneas de alta tensión para interconectar a todo el país y posibilitar su aprovechamiento.

169. Extensión de la Línea E de subterráneos (a cargo del gobierno nacional), que unirá la actual cabecera en estación Bolívar con la Terminal de Retiro. Plazo de terminación de obras fines de 2011.

170. Nueva terminal de cruceros "Quinquela Martín". Amplia la capacidad de recepción de turismo internacional.

171. Fabricación nacional de locomotoras y vagones de tren. Genera más empleo y permite ampliar la red ferroviaria.

172. Convenio para construir, en el astillero naval Tandanor, 16 barcazas destinadas a la petrolera estatal Petróleos de Venezuela.

173. Subsidio al transporte de pasajeros. Cubre cerca del 80% del costo real del boleto, sin el subsidio el boleto mínimo costaría alrededor de $ 5.

174. Caducidad del contrato de TBA del Grupo Cirigliano.

175. Recuperación para el Estado Nacional del control accionario de YPF.

176. Pro.Cre.Ar Plan para la creación de 400 mil viviendas en los próximos cuatro años.

177. Inicio de las obras de soterramiento del Sarmiento.

178. Campañas de Educación Vial en espacios no habituales (canchas, fiestas populares, etcétera).

179. Inauguración del Aeropuerto Internacional de Termas de Río Hondo, Stgo. del Estero.

180. Ampliación del Convenio para Provisión de Gas con Bolivia.

181. Acuerdo entre Argentina y Venezuela para accionar en forma conjunta entre las petroleras nacionales YPF y Pdvsa.

182. Ampliación de la Av. Gral Paz.

183. Compra de 45 vagones de subte (realizada por el gobierno nacional) que esperan ser retirados por el gobierno de la Ciudad de Bs As.

184. Incorporación de Aerolíneas Argentinas a Skyteam.

185. Crédito descubierto en la tarjeta SUBE para poder volver a casa.

186. Nacionalización de Metrogas. El Estado argentino controla el 70% de las acciones de la compañía a través de YPF (que compró las acciones de British Gas). El 10% pertenece a los empleados. El 20% a la ANSES y privados.

187. Compra (en Dic. 2012) de tres nuevos aviones Embraer para la flota de Aerolíneas Argentinas.

188. Nulidad de la venta a precio vil del Predio Ferial de Palermo a la Sociedad Rural Argentina.

Sistema Previsional y
Desarrollo Social

189. Eliminación de las AFJP.

190. Jubilación de amas de casa.

191. Devolución del 13% a jubilados y empleados públicos (descuento que habían efectuado De la Rúa, Bullrich y Cavallo). Se pagaron los retroactivos injustamente descontados.

192. 2,3 millones de nuevos jubilados que tenían aportes parciales, hoy cobran la jubilación, mientras cancelan su deuda previsional.

193. Doble aumento anual a jubilados y pensionados.

194. 698% de aumento para las jubilaciones mínimas, que estuvieron congeladas durante diez años.

195. Asignación Universal por Hijo.

196. Asignación Universal a embarazadas a partir del tercer mes de gestación.

197. Monotributo social rural (gratuito).

198. Plan federal de viviendas. Se entregaron 37 mil viviendas nuevas y se mejoraron más de 22 mil. Se están construyendo más de 110 mil viviendas nuevas y hay unas 40 mil mejoras en marcha.

199. Beneficio jubilatorio anticipado para personas desocupadas que, aun no cumpliendo con la edad jubilatoria, cuenten con los 30 años de aportes requeridos (habían quedado desamparadas durante el menemismo).

200. Aumento de las asignaciones familiares por hijo, destinado a trabajadores en relación de dependencia y beneficiarios de ART, desempleados, pensionados y veteranos de guerra. Costo fiscal: 2500 millones de pesos anuales.

201. Ayuda económica por emergencia agropecuaria en favor de productores de 12 provincias, por un total de $ 241 millones.

202. Proy. Nac. Microcréditos "Padre Cajade". Financia y promueve emprendimientos productivos, comerciales o de servicios (individuales o asociativos) en el marco de Economía Social. Préstamos a interés muy bajo o sin interés.

203. Creación de "Marca Colectiva". Signo común para identificar productos elaborados por emprendedores de la Economía Social. Fortalece la

producción y la comercialización de los emprendimientos.

204. Proyectos "Manos a la obra" para compra de maquinarias e insumos, y aporta asistencia técnica. Promueve Talleres familiares, Talleres asociativos, Talleres pre-cooperativos, Encadenamientos productivos, Servicios de apoyo a la producción y Empresas autogestionadas (recuperadas).

205. Plan Nacional de Seguridad Alimentaria (desde 2003). Posibilita acceso de población vulnerable a alimentación adecuada, suficiente y acorde a cada región del país. Programas: "Familia y nutrición", "Abordaje comunitario", "Pro-huerta", "Educación alimentaria y nutricional."

206. Tarjeta Argenta (para préstamos y compras con descuentos para jubilados).

207. Control a las mutuales que hacían préstamos usurarios a jubilados y pensionados.

208. Deporte Federado y de Representación Nacional. Becas para optimizar el rendimiento de deportistas de élite, identificar y estimular a jóvenes promesas, promover la participación en competencias y contribuir a la profesionalización y formación contínua de atletas y entrenadores.

Defensa y Seguridad

209. Reglamentación de la Ley de Defensa (establece la exclusión de las FF AA en cuestiones de seguridad interior).

210. Aumento del 130% en pensiones a ex combatientes de Malvinas.

211. Reformulación de la Doctrina de Inteligencia Militar (c/encuadre institucional democrático).

212. Recuperación de la fábrica militar de aviones (regalada por el menemismo con la intención de frenar el proyecto del misil argentino Cóndor).

213. Creación del Ministerio de Seguridad (y designación de Nilda Garré al frente del mismo).

214. Cambio de nombres a las escuelas de policía que llevaban nombres de represores (Ramón Falcón, Cesáreo Cardozo y Alberto Villar) por los nombres de Juan Ángel Pirker, Enrique O´Gorman y Enrique Fentanes.

215. Remplazo de 36 de los 53 comisarios de la Policía Federal por otros con perfiles más democráticos.

216. Cambio de funciones para policías de la Federal que estaban en tareas administrativas o cuidando edificios que le correspondían a la metropolitana.

217. Reasignación de 6000 gendarmes para complementar las tareas de la Policía Bonaerense.

218. Retiro de 59 buques hundidos en la Cuenca de Matanza-Riachuelo para avanzar en su saneamiento.

219. Avances en políticas de género en la FF AA (nueva regulación por embarazo, creación de jardines maternales en dependencias de las FF AA, etcétera).

220. Bussi y Menendez degradados. Vuelven a ser civiles y dejan de percibir la jubilación como militares de alto rango.

221. Incorporación de 1250 prefectos y 1250 gendarmes a tareas de seguridad en el sur de la Ciudad de Bs. As.

222. Creación del nuevo edificio del Centro de Admisión y Derivación (CAD), para menores de

edad privados de su libertad por la comisión de delitos, los que no podrán ser alojados en comisarías.

223. Capacitación de la Oficina de Violencia Doméstica de la Corte Suprema de Justicia sobre el tratamiento de casos de violencia doméstica destinada al personal de Gendarmería Nacional.

224. Convenio para promover la adhesión de fiscalías provinciales al Sist. Nac. Automatizado de Identificación Balística que recopila datos de armas de fuego, vainas servidas y proyectiles secuestrados en las investigaciones policiales. Esto permite la agilización de causas que involucran armas.

225. Incremento de las investigaciones, allanamientos e incautaciones de la Dirección Gral. de Fiscalización de Desarmaderos y Autopartes del Ministerio de Seguridad de la Nación.

226. Programa Tren Alerta. Dispone tendido de fibra óptica, instalación de cámaras de seguridad y capacitación de preventores de seguridad. Son 109 las cámaras instaladas (por el Ministerio de Seguridad) en las líneas de trenes.

227. Jornadas de capacitación y debate para una Gestión Inclusiva de la Conflictividad Social.

228. Creación de la Policía de Prevención Vecinal. Un cuerpo formado para intervenir en acciones de mediación y pacificación en la comunidad.

229. Dotación de nuevos medios traslado para Prefectura (70 motos de agua, 59 semirígidos, diez lanchas fronterizas y dos aerodeslizadores) Permitirán mejorar y aumentar el control en los ríos de frontera.

230. Récord de operativos antinarcóticos y de incautación de drogas.

231. Programa de remoción y compactación de vehículos abandonados en vía pública o secuestrados por la policía. El dinero obtenido por esta operación se destina al >Hospital Garrahan.

232. Adhesión del Ministerio de Seguridad a la campaña "260 Hombres contra el Machismo", con participación de altos mandos de las Fuerzas de Seguridad.

233. Programa de capacitación de funcionarios para la gestión eficiente de los arsenales policiales.

234. "Plan Alerta y Seguridad en Edificios" de participación ciudadana para la prevención del delito en la propiedad horizontal.

235. Proyecto para el desarrollo de un Registro Nacional de Huellas Genéticas Latentes con científicos y recursos nacionales.

236. Plan para la entrega voluntaria de armas. Se recuperaron y destruyeron 140.465 armas de fuego y 1.091.660 municiones.

237. Adquisición de tres modernos escáners que permitirán detectar droga oculta en camiones u otros vehículos de gran porte.

Industria, Ciencia y Tecnología

276. Creación del Ministerio de Ciencia, Tecnología e Innovación productiva, dándole un lugar estratégico para el avance del país.

277. Programa "Raíces": Repatriación de 1000 científicos (a los que Cavallo había mandado a lavar los platos)

278. Creación del espacio permanente Tecnópolis, Prov. de Bs. As.

279. Reapertura y Ampliación del predio de Tecnópolis.

280. Apoyo crediticio a la industria automotriz.

281. Obras de interconexión energética NEA-NOA.

282. Ampliación de capacidad de transporte de alta tensión del corredor Comahue-Buenos Aires.

283. Energía eólica. Construcción del Parque Eólico Ingentis, Prov. de Chubut.

284. Creación del Polo Científico Tecnológico. Es el primer centro de gestión, producción y divulgación del conocimiento científico en Latinoamérica.

285. Industrias de la madera y el mueble: sustituyó importaciones por valor de 45 millones de dólares en 2010. Importó un 42% menos que dos años antes.

286. En 2010, la exportación de las Manufacturas de Origen Industrial (34%) superaron a las Manufacturas de Origen Agropecuario (32%). Es la 1ª vez en la historia que ocurrió eso.

287. Aumento de la exportación automotriz a los países de la región.

288. Se inició la fabricación de 25 trenes de doble piso, para las líneas Sarmiento y Mitre.

289. Biocombustibles. Se inició la construcción de la planta de bioetanol en el NOA.

290. Aplicación efectiva de técnicas para la desalinización de aguas, haciéndolas aptas para consumo y riego.

291. Plan estratégico del sector nuclear. Comprende generación masiva de energía nucleoeléctrica y aplicación de tecnología nuclear en salud pública y en industria. Iniciado por Perón, desarticulado en el menemato.

292. Construcción de la central nuclear Atucha II que provee de energía, y reactiva el espectro científico, tecnológico e industrial relacionado con el campo nuclear. Genera demanda de recursos humanos especializados.

293. Satélite hecho en Argentina. Desarrollado por Comisión Nacional de Actividades Espaciales (CoNAE). El satélite es un observatorio que registra variaciones del océano, del clima y del medioambiente.

294. Programa Nacional de Desarrollo de Parques Industriales. En 2003 había 80 parques industriales, en 2011 llegaron a 280 en todo el país. Hoy se estiman en 400.

295. Entre 2008 y 2010 se duplicó el presupuesto destinado a sueldos de investigadores y becarios (en ciencias, tecnología e innovación).

296. Plan Estratégico Nacional - Argentina 2020. Elaborado con la participación de trabajadores, empresarios, universidades y representantes del sector público y privado. Traza objetivos generales para la industria argentina.

297. Exportación de 60 autos diarios de la fábrica Honda, creados íntegramente en Argentina.

298. Creación de los Créditos del Bicentenario para inversiones productivas (ya superan los 9500 millones de pesos).

299. Programa Capital Semilla. Ya se entregaron $ 78 millones a jóvenes emprendedores de 18 a 35 años. Nueva convocatoria por $ 20 millones.

300. Capacitación a 9000 empleados de 1700 pymes con aportes del gobierno nacional por $ 35 millones en el primer semestre 2012. Se prevén $ 40 millones más para el 2° semestre.

301. Aumento de los puestos de trabajo en el Polo Tecnológico.

302. Entrega de aportes no reembolsables (ANR) de hasta $ 800 mil, a pymes que presenten proyectos de desarrollo tecnológico e innovación productiva a través de la Agencia Nacional de Promoción Científica y Tecnológica

303. Programa Innovar. Concurso nacional de innovaciones científicas 2012. Se entregarán más de $ 900 mil en premios. Categorías: Producto Innovador, Diseño Industrial, Diseño Gráfico, Investigación Aplicada, Innovaciones en el Agro, Concepto Innovador, Robótica, entre otras.

304. Premio Mercosur en Ciencia y Tecnología 2012. Destinado a investigación sobre innovación tecnológica en salud. Los premios van desde U$S 2000 a U$S 10 mil para las cuatro categorías.

305. Declaratoria del Cine como Industria Nacional.

Medios de Comunicación

306. Ley de Servicios de Comunicación Audiovisual, de carácter antimonopólico, en reemplazo de la Ley de Radiodifusión de la dictadura.

307. Declaración de interés público de la producción de papel para diarios.

308. Derogación de la ley que permitía enjuiciar por injurias y calumnias a periodistas.

309. Ningún juicio del Estado contra periodistas.

310. Creación de la TV Digital abierta, pública y gratuita.

311. Plataforma Nacional de Transmisión de TV Digital. Tiene 17 Estaciones operativas 1 en Cap. Fed.; 7 en Bs. As., 1 en Chaco, 1 en Formosa, 1 en

Tucumán, 1 en La Rioja, 1 en Río Negro, 1 en San Juan, 1 en Entre Ríos y 2 en Córdoba.

312. Proyecto de desmonopolización del Sistema de Control de Audiencia, hoy en manos de IBOPE (Grupo Clarín). El rating televisivo y radial influye sobre la pauta publicitaria, un negocio millonario.

313. Festival artístico para reclamar la inclusión de Paka-Paka en la grilla de todos los cableoperadores (más de 15 mil asistentes).

314. Presentación ante la Justicia para reclamar la inclusión de Pakapaka en la grilla de todos los cableoperadores.

315. Presentación ante la Justicia para que Cablevisión cobre $ 130 pesos por su abono básico.

316. Lanzamiento de pliegos para la apertura de 220 señales de televisión digital abierta (en los 60 años de la televisión argentina se crearon 47 señales).

317. Creación del Observatorio de la Discriminación en Radio y Televisión.

318. Plan nacional para adjudicar 687 licencias del servicio de FM (incluidas 295 licencias para el sector sin fines de lucro), en 381 localidades de Chaco, La Rioja, Catamarca, Neuquén, Río Negro, Chubut, Tierra del Fuego, Antártida e Islas del Atlántico Sur, La Pampa, San Luis y San Juan.

319. La presidenta fue distinguida en Ginebra con el Premio Mundial de las Telecomunicaciones y la Sociedad de la Información 2012.

320. El Estado actuará como administrador del 25% del espacio radioeléctrico de telefonía e Internet móvil, proveerá el servicio a través de cooperativas

y pymes. Será un fuerte competidor de Movistar, Personal y Claro.

321. 19 series surgidas de los concursos de la TDA fueron comercializadas en el exterior (Francia, España, México y especialmente en EEUU).

322. Plan Nacional de Telecomunicaciones "Argentina Conectada". Incluye el despliegue de la Televisión Digital Abierta (TDA). Con una inversión pública de $ 8000 millones el gobierno busca expandir en cinco años la banda ancha y la TV Digital a todo el país.

323. Creación de la Defensoría del Público de Servicios de Comunicación Audiovisual, bajo control parlamenteario.

324. Reequipamiento de las 48 emisoras de Radio Nacional con nuevos transmisores de AM y FM.

325. Plan Federal de capacitación sistemática profesional de operadores, locutores, periodistas y empleados.

326. Recuperación y mantenimiento de edificios históricos de Radio Nacional.

327. Incremento del rating de Radio Nacional en un 100 por ciento.

328. Lanzamiento de actividades culturales de todas las frecuencias, AM, FM Folklórica, FM Rock y FM Clásica, con participación masiva y gratuita de artistas populares y oyentes en su auditorio.

329. Refacción del auditorio de Radio Nacional Córdoba.

330. Transmisiones directas y en vivo de Fiestas como el Bicentenario o Feria del Libro.

331. Construcción y preservación del archivo histórico más completo de registros de audio en la Argentina.

332. Organización y promoción de las radios públicas de la Unasur en la conexión en red del portal www.vocesdelsur.com, que estrecha los vínculos latinoamericanos.

333. Creación e integración del directorio de Telesur.

334. Creación de RTA, Radio y Televisión Argentina.

335. Creación de Depor TV.

336. Creación del Fútbol Para Todos.

337. Turismo Carretera para Todos.

338. Condonación deudas fiscales para medios de comunicación.

339. Creación de la Afsca, en remplazo del viejo COMFER.

340. Plan de Adecuación Voluntaria de Empresas de Comunicación a la Ley de Medios. Todas, salvo Clarín.

341. Nuevos llamado a concurso de frecuencias FM para Mendoza, Tucumán, Santiago del Estero y Salta.

342. Adjudicación de 127 licencias de FM y 35 de cable.

342. Creación del Canal Acua y Acua Mayor.

343. Convenio entre la CNC y la Secretaría de Comunicación para desarrollar el marco regulatorio del Plan Técnico exigido por la Ley de Medios.

344. 11 FM y un canal de TV, Wall Kintum, para pueblos originarios.

345. 45 canales de Televisión Digital y 52 radios FM a Universidades Nacionales.

346. 36 servicios de TV a gobiernos provinciales.

347. 1132 frecuencias FM para municipios.

348. 45 licencias para cooperativas de servicios de cable.

349. Integración del COFECA (Consejo Federal de la Comunicación Audiovisual)

350. Creación de la Comisión Bicameral de Promoción y Seguimiento de la Comunicación Audiovisual.

351. Remodelación de las instalaciones y equipamiento de Canal 7.

Salud

352. Ley de Medicina Prepaga.

353. Ley del Celíaco.

354. Guía de Aborto No Punible.

355. Ampliación del calendario de Vacunación Obligatoria.

356. Programa de vacunación gratuita de la Gripe.

357. Vacunas contra el HPV.

358. Ley de Genéricos.

359. Programa Remediar, con beneficios para 15 millones de personas.

360. Ley Antitabaco.

361. Baja del dengue.

362. Baja en el Mal de Chagas. Producción nacional de Benznidazol, el principal medicamento para atacarlo.

363. Baja en la mortalidad infantil.

364. Programa Nacional de Cardiopatías Congénitas.

365. Programa SUMAR, que complementa el Programa NACER.

366. Programa Nacional de Detección Precoz y Atención de la Hipoacusia.

367. Creación de 756 Centros de Prevención, Asesoramiento y Testeo de VIH y Sífilis en todo el país.

368. Ley de Educación Sexual y Procreación Responsable.

369. Cobertura a 35 mil personas bajo tratamiento antirretroviral suministrado por el Sistema Público de Salud.

370. Plan Nacional de donantes voluntarios de sangre.

371. Incremento de trasplantes de órganos.

372. 1100 cirugías de corazón en Hospitales Nacionales.

Varias

373. Derogación de la Ley de Avenimiento.

374. Ley de protección integral para prevenir, sancionar y erradicar la violencia contra la mujer.

375. Nueva Ley de Migraciones.

376. Reestatización del Correo.

377. Museo del Bicentenario.

378. Ley de la Música.

379. Entrega de libros a Bibliotecas Populares.

380. Reconocimiento del feriado al Día del Canillita.

381. Reconocimiento del porcentaje histórico a canillitas.

382. Feriados de Carnaval.

383. Institucionalización de los feriados puente para fomentar la industria turística.

384. Ayuda económica para la recuperación del cultivo del algodón para pequeños y medianos productores.

385. Inauguración en Garín de la primera planta de vacunas y productos biotecnológicos.

386. Desarrollo del Polo Industrial del Plástico en Campana.

387. Ampliación de la flota de Aerolíneas Argentinas.

388. Plan MI PC.

389. Inauguración de la antena de seguimiento del Satélite de la Agencia Espacial Europea, tercero en el mundo, en la localidad de Gaiman, Chubut.

390. Ley de ADN por medios alternativos.

391. Creación del Fideiscomiso para devolución de retenciones a productores de trigo y maíz.

392. Línea de créditos para maquinaria agraria.

393. Línea de créditos para camiones.

394. Ley de Regulación del Mercado de Capitales.

395. Lanzamiento de la Tarjeta SUBE.

396. Creación de la ENARD, Escuela Nacional de Alto Rendimiento Deportivo.

397. Relanzamiento de los Juegos Deportivos Evita.

398. Reconocimiento a los Granaderos que resistieron el golpe del '55.

399. Reconocimiento a los integrantes del comando Operación Cóndor que desembarcó en Malvinas en 1966.

400. Hito Histórico de la Vuelta de Obligado.

401. Viaje de familiares a Malvinas.

402. Pedido a Cruz Roja y al Equipo Argentino de Antropología Forense para reconocer los cuerpos de los ex combatientes sepultados en nuestras islas.

403. Pensión a ex combatientes y veteranos.

404. Recuperación y puesta en valor del mural de Siqueiros que ahora se expone en el Museo del Bicentenario.

405. Mesas mixtas para votar.

406. Tedeums en distintas provincias.

407. Reconocimiento a integrantes de Fuerzas Armadas y de Seguridad que se negaron a participar de la represión ilegal.

408. Uso del género en el lenguaje de actos oficiales.

409. Incorporación del lenguaje de señas en los discursos oficiales.

410. Reubicación de la totalidad de los empleados de las AFJP en AFIP y ANSES.

411. Rectificación de legajos de trabajadores del Estado desaparecidos durante el genocidio que figuraban como ausentes del trabajo.

412. Pavimentación Ruta 22.

413. Rehabilitación de Ruta 7, paraje Laguna Picasa, 20 kilómetros que eran inundables.

414. Finalización de Yacyretá.

415. Ley de Trabajadoras de Casas particulares.

416. Ley de elección por voto popular de integrantes del Consejo de la Magistratura.

417. Creación de Télam TV.

418. Reivindicación de la Asamblea del Año XIII.

419. Creación del Ministerio de Seguridad.

420. Recuperación de Astilleros Río Santiago.

421. Recuperación minas de Río Turbio.

422. Censo histórico de 2010.

423. Creación del Instituto Nacional Indígena.

424. Creación del RENATEA.

425. Inauguración de Planta de Agua Pesada en Neuquén.

426. Retiro de subsidios a casinos.

427. Primer crédito mundial para un proyecto nuclear: la Corporación Andina de Fomento otorgó

un crédito de U$S 240 millones para la ampliación de la vida útil de la Central Nuclear Embalse.

428. Ampliación de la red generadora de Energía Eléctrica: se inició la operación a ciclo abierto de las centrales Manuel Belgrano y San Martín que aportan 1100 megavatios.

429. Se elevó de la cota de Yacyretá a 78,5 msnm. Ahora aporta 450 Megavatios.

430. Se realizó la interconexión de la Central Termo Andes en Salta, que permite aportar 406 megavatios .

431. Se realizó la puesta en marcha del plan "Generación Distribuida" de ENARSA que permite aportar 310 Megavatios.

432. Se finalizó la Línea Puerto Madryn-Pico Truncado, que amplió en 540 kilómetros el interconectado nacional.

433. Se puso en marcha la construcción de la Central de Ciclo Combinado Pilar, que permitirá incorporar en el futuro 470 megavatios.

434. Se dio inicio a la construcción de la Modernización de la Central 9 de Julio, que permitirá incorporar 185 Megavatios en el futuro.

435. Obra de interconexión NEA-NOA. De 500 KV y una extensión de 1271 km.

436. Gasoducto por el Estrecho de Magallanes: es un gasoducto de 37 kilómetros que une Tierra del Fuego con Santa Cruz y que fue realizado en sólo cuatro meses. Este gasoducto elevó la capacidad de transporte de 11 a 18 millones de metros cúbicos diarios.

436. Ampliación de gasoductos por 5,8 millones de metros cúbicos diarios TGN y TGS e incorporación

de un Transformador de 440 MVA en la Central Hidroeléctrica Río Grande.

437. Dique Los Caracoles, San Juan: es la mayor obra hidroeléctrica que se puso en funcionamiento en las últimas décadas después de Yacyretá.

438. Reparación del segundo transformador de potencia Río Grande-Córdoba: entró en servicio en mayo de 2005. Aumentó la oferta oferta del sistema eléctrico en las horas pico en 700 MW.

439. Ampliación de capacidad de transporte de Alta Tensión del corredor Comahue-Buenos Aires.

440. Inicio de la construcción del Dique Punta Negra.

441. Parque Eólico Ingentis, en la Provincia de Chubut.

442. Impulso a la CELAC.

443. Incremento voluntario de la cuota argentina a la CIDH.

444. Impulso a la Hidrovía.

445. Derecho al voto a los presos sin condena.

446. Inauguración de nuevas cárceles.

447. Impulso al Digesto Jurídico.

448. Audiencias públicas para la reforma y actualización del Código Civil.

449. Resarcimiento histórico a trabajadores portuarios.

450. Resarcimiento histórico a trabajadores marítimos.

451. Promoción del Mercado de Industrias Culturales (MICA).

452. Puesta en valor de la Basílica de Luján.

453. Paquete de ayuda a damnificados por la inundación.

454. Plan PROCREAR.

455. Programa AFA – PLUS contra la violencia en el fútbol.

456. El 100% de los aparatos de aire acondicionado que nutren el mercado interno se fabrican en el país.

457. El 99% de los teléfonos celulares, también.

458. El 85% del calzado para el mercado interno se producen en el país.

459. Según Juan Carr, Argentina está a punto de hacer realidad el "Hambre Cero".

460. 200 empresas fueron recuperadas por sus trabajadores, garantizando el trabajo de 12.500 personas.

461. Biocombustibles. Se dio inicio a la construcción de la plantas de Bioetanol en el NOA del país.

462. Hidrocarburos. Se inició la exploración de 3 áreas "Costa Afuera".

463. Crecimiento de la inversión privada (21,5% del PBI).

464. Recuperación del 30% de Aeropuertos Argentina 2000.

465. Reconstrucción de 38.500 Km de la Red Vial Nacional.

466. Se suscribió el Acuerdo de Cooperación con la Compañía Estatal de de la República Popular China CITIC INTERNATIONAL COOPERATION CO. para el suministro de 279 coches de pasajeros para los subtes y 400 vagones de tren, en ejecución.

467. Extensión de Línea E hasta Retiro, en ejecución.

468. Lanzamiento en San Juan del Yogurt Probiótico.

469. Ley de Obesidad.

470. Impulso para la sanción de la ley de anticoncepción quirúrgica (procedimientos que obstruyen las trompas de Falopio en la mujer, o los conductos deferentes en el varón).

471. Por primera vez en la historia, del total exportado por el país en 2010, la exportación de las Manufacturas de Origen Industrial (34%), superó a las Manufacturas de Origen Agropecuario (32%).

472. Plan "Nacer": Cobertura médica gratuita a embarazadas y niños de hasta seis años.

473. Memorándum de entendimiento con la República de Irán para hacer avanzar el juicio contra los responsables de la voladura de la AMIA.

474. Entrega gratuita de 27 millones de lámparas de bajo consumo.

475. Avance en el saneamiento de la Cuenca Matanza- Riachuelo.

476. Lanzamiento del Plan Más Cerca, convenio para la ejecución de 114 obras en municipios del conurbano bonaerense por 500 millones de pesos.

477. Ayuda para los damnificados por las cenizas del Volcán Epuyén.

478. Levantamiento de los embargos contra 12 propiedades del Estado Nacional en los Estados Unidos, 3 de agosto de 2005.

479. Levantamiento del embargo del Tango 01, en mayo de 2007.

480. Levantamiento del embargo del satélite SAC-D, desarrollado junto a la NASA.

481. Levantamiento de embargos en Suiza contra reservas del Banco Central, entre diciembre de 2009 y abril de 2010.

482. Aerolíneas Argentinas: cancelación y reestructuración de los créditos impagos por la gestión privada anterior a la nacionalización.

483. Reactor nuclear CAREM.

484. Ley de Bosques. Homenaje a Leonardo Favio.

485. Primera exportación de maíz a China en toda la historia argentina.

486. Instalación de un pabellón propio en la Bienal de Venecia.

487. Inauguración del pabellón argentino en la Feria del Libro de Franckfurt.

488. Desde Melbourne 1956 hasta Sydney 2000, en 11 olimpíadas, Argentina obtuvo 14 medallas, en 44 años. Y en 8 años, del 2004 a 2012, en tres olimpíadas, consiguió 16 medallas y 10 certificaciones.

489. Inauguración nuevo edificio anexo de la Facultad de Ciencias Económicas.

490. Inauguración de la UMET junto a Lula, la primera universidad creada por un sindicato, el de trabajadores de edificios.

491. Construcción de la Terminal B del Aeropuerto de Ezeiza.

492. Inauguración de la fábrica de agromáquinas más moderna del país, con una inversión de 150 millones de dólares.

493. Reconocimiento al derecho de los actores y promoción de la SAGAI, Sociedad Argentina de Gestión de Actores e Intérpretes.

494. Incorporación del delito del "femicidio" al Código Penal.

495. Programa Nacional de Alfabetización.

496. Esculturas en homenaje a Evita en las fachadas sur y norte del edificio de Desarrollo Social.
497. Inauguración del Centro de Formación de Pilotos de Aerolíneas Argentinas.
498. Anuncio por cadena nacional del Plan "Mirar para cuidar".
499. Plan Estratégico de formación técnica para la formación de nuevos ingenieros.
500. Antes la ONU, Néstor Kirchner se declaró hijo de las Madres y Abuelas de Plaza de Mayo

Taringa! - Inteligencia colectiva
TARINGA.NET

PERO VEAMOS LA HISTORIA

Néstor Kirchner: "País para todos"
Fuente Consultada: Graciela Marker

Corría el año 2001, momento en que la Argentina se enfrentaba a una de sus más grandes crisis económicas que desestabilizaron la tranquilidad de los ciudadanos del país, provocando la fractura del Gobierno Nacional de turno, encarnado en aquel momento en la figura de los que muchos consideraron una parodia de un presidente: Fernando de La Rúa.

Ante la decisión de abandono de la dirección del país por dicho mandatario, quien renunció ante las protestas populares y prácticamente huyó de la Casa Rosada en helicóptero, la Nación se vio inmersa en una situación más que conflictiva, e incluso podríamos decir desierta, que indudablemente fue aprovechada por algunos grupos políticos para lograr posiciones contundentes dentro de este nuevo mapa social que vivía la Argentina.

Finalmente, después de un Gobierno designado de manera interina, y tras las elecciones presidenciales, el 25 de mayo de 2003 asumía el cargo de Presidente de la Nación un hombre que traería consigo un sueño: transformar la patria en base a la verdad, la memoria y la justicia. Y así fue como Néstor Kirchner se convirtió rápidamente en la nueva esperanza de los argentinos.

Desde el momento mismo en que Kirchner asumió como máximo dirigente del país, se comenzaron a suceder una serie de profundos cambios en todo el territorio nacional, que incluyeron el ámbito económico y social, logrando resultados que pueden vislumbrar en la actual Argentina, muy diferente a aquel país fracturado de hace una década.

Si bien, Néstor Kirchner dejó el mundo terrenal el 27 de octubre de 2010, su legado aún sigue vivo. En este sentido, si debiéramos enumerar todas las obras de gobierno que llevó a cabo durante su mandato, y que luego fueron continuadas, ampliadas y profundizadas por su esposa, la Presidente Cristina Fernández, ocuparíamos ciento de páginas, por lo que presentamos aquí sólo un breve repaso por los puntos más importantes de su gestión.

La reinterpretación del pasado

La reapertura de los juicios fue acompañada de una reinterpretación muy amplia del pasado, que exaltaba las potencialidades transformadoras del peronismo de la Resistencia, en alguna medida también los proyectos revolucionarios de los años setenta, y consideraba que todo lo sucedido desde 1976 hasta la fecha era consecuencia de la "derrota popular" entonces padecida. Esta apropiación y reinterpretación de la lucha por los derechos humanos, y del mismo proceso de democratización, se completó el 10 de diciembre de 2003, en el acto en que se convirtió la ESMA en un centro dedicado a la preservación de la memoria: allí, Néstor Kirchner, rodeado de Hebe de Bonafini y Estela de Carlotto, presidentas de Madres y Abuelas de Plaza de Mayo respectivamente, explicó que su objetivo era reparar "veinte años de silencio del estado argentino", con lo que no sólo desvalorizaba los esfuerzos hechos en su momento por Alfonsín, sino que diluía su propio silencio respecto de los indultos de Menem.

Néstor Kirchner ordena retirar los retratos de Videla y de Bignone durante un acto en el Colegio Militar de la Nación, 24 de marzo de 2004.
(Fuente: Historia de la Argentina 1955-2010 - Marcos Novaro)

Uno de los aspectos realmente destacables de esta última década, que fue posible gracias a la dirigencia de Néstor Kirchner, es sin lugar a dudas la recuperación del debate político en la Argentina, y sobre todo la gran y sorprendente convocatoria a la militancia activa dentro del grupo de ciudadanos más jóvenes, que hasta la llegada de Kirchner permanecían apáticos a este ámbito.

Asimismo, uno de los terrenos en los cuales tanto Néstor Kirchner como su esposa pusieron mayor énfasis residió en impulsar una justicia realmente basada en los derechos de los hombres, iniciando un período histórico en nuestro país, durante el cual finalmente se llevaron a cabo los juicios y las sentencias correspondientes a todos los implicados y responsables de la dictadura militar argentina de los años setenta.

Entre otras cosas se generó una política estatal activa en relación con los derechos humanos, que incluyó por ejemplo la depuración de la Corte Suprema y su nueva designación, la intervención activa y permanente del INADI, la creación del Banco Nacional de Datos Genéticos y demás.

Ciertamente, en este contexto, la creación del Espacio para la Memoria y la Promoción de los DDHH, emplazado en el edificio de la ex ESMA, es sin dudas el mejor ejemplo de la importancia que Néstor Kirchner le otorgó durante su mandato a los derechos de los hombres, como así también a la memoria y a la justicia digna en nuestro país.

Por otra parte, la inclusión fue también uno de los temas que se trataron con mayor preponderancia durante el gobierno de Kirchner, con el fin de lograr un verdadero país para todos. Es por ello que se establecieron diferentes plataformas destinadas a mejorar el nivel educativo y cultural en toda la nación, con planes tales como el Programa Nacional de Alfabetización, Conectar Igualdad y demás, junto con la creación de más de mil escuelas nuevas.

Asimismo se instauró la Asignación Universal por Hijo, el Monotributo Social Rural gratuito, la creación de la jubilación para amas de casa y el plan federal de viviendas, con el fin de mejorar la economía cotidiana de los que menos tienen. Esto incluyó también el aumento en las jubilaciones mínimas, que actualmente alcanzan en este sentido un 600% más luego de haberse mantenido congeladas durante 10 años. También se otorgó un aumento que hoy alcanza el 130% en las pensiones a excombatientes de Malvinas. Estos y otros cambios fueron posibles gracias a la decisión que tomó Néstor Kirchner de eliminar las AFJP y retomar el sistema provisional estatal.

En lo que respecta al trabajo, es importante destacar que durante todo el proceso que transcurrió desde la asunción de Néstor Kirchner como Presidente de la Nación, hasta la actualidad, en que su esposa Cristina Fernández continúa el camino iniciado por el mandatario desaparecido, la desocupación disminuyó notablemente. En 2003 Argentina tenía un índice de desocupación del

24,7%, mientras que en 2010 la cifra se redujo al 7,4%.

En 2005 también se consolidó la recuperación económica. El gobierno concluyó el proceso de renegociación de la deuda externa en default, al lograr una quita de capital e intereses superior a la alcanzada en todas las renegociaciones previas (alrededor de un 65%). Pero una parte de los bonistas (titulares de unos 20 000 millones de acreencias se negó a aceptar las condiciones del canje, y tampoco se pudo avanzar en la regularización del pasivo con el Club de París (representante de los estados europeos y de Japón). De todos modos, Kirchner pudo presentar la operación de canje como parte de una estrategia más amplia de "desendeudamiento" y "liberación" de las ataduras impuestas por los centros financieros. Y propugnó la misma estrategia de "negociación dura" en casos de privatizadas que venían siendo objeto de duras críticas, como el Correo Argentino y el servicio de aguas y cloacas, que fueron reestatizados, y Aerolíneas, que generó arduos conflictos tanto con los empresarios españoles que la controlaban como con el gobierno de ese país. Durante ese año, Kirchner aceleró también la muy demorada actualización de las jubilaciones y los salarios públicos (que tímidamente iniciara en 2004), acompañando la recuperación que desde tiempo antes experimentaban los de los privados, lo que, sumado a la sostenida reducción del desempleo, permitió llevar las tasas de pobreza por debajo del 40%. El apoyo de los sindicatos que motivaron estas

48

medidas se consolidaría con la derogación de la reforma laboral aprobada en 2000 y los generosos aportes realizados a las obras sociales. La CGT reunificada bajo la conducción de Hugo Moyano, se manifestó desde entonces decididamente a favor del "nuevo modelo productivo". Y la CTA hizo otro tanto.

Claro que esto ha sido el resultado de un arduo y largo proceso de transformación, en el cual influyeron entre otras cosas la derogación de la Ley de Flexibilidad Laboral, como así también la creación de cooperativas de trabajo en todo el país, sistema que ha dado respuesta a la necesidad de los ciudadanos que desean trabajar dignamente.

El gobierno de Néstor Kirchner permitió lograr que la Argentina pudiera salir finalmente del default económico que se vivió a comienzos de este siglo, y las estrategias utilizadas para mejorar la economía del país, hizo posible un crecimiento económico sostenido durante la última década.

La clave para lograr que el proceso fuera exitoso residió puntualmente en que Kirchner basó su política económica en el Estado, y no respondiendo a los altos mandos del establishment privado. Esto no sólo logró un superávit fiscal con reservas récord del Banco Central, sino también un crecimiento realmente significativo de la inversión pública.

Pero también con Néstor Kirchner se modificaron los aspectos concernientes a la imagen de la Argentina en el exterior, por lo que hoy el país es visto por las naciones en crisis como un ejemplo a tomar en cuenta para salvaguardar las economías internas.

Uno de los aspectos más importantes en este sentido fue sin dudas la política de desendeudamiento que llevó adelante Néstor Kirchner, y que luego continuara la Presidente Cristina Fernández, logrando una renegociación de la Deuda Externa que incluyó una quita del capital del 70%, que alcanza el equivalente a la deuda ilegítima.

Asimismo, Kirchner llevó a cabo la cancelación total de la deuda con el Fondo Monetario Internacional, logrando una verdadera independencia económica para el país, ya que nunca más las políticas nacionales tuvieron que responder a las presiones del organismo multilateral.

Por otra parte, durante el período de gobierno de Néstor Kirchner se lograron fortalecer las relaciones con el resto de los países latinoamericanos, lo que además hizo posible que hoy la Argentina se constituya como uno de los principales referentes dentro del G20.

El resto continua hoy, y la transformación de un país que a principios de siglo aparecía desmembrado e inmerso en una profunda crisis, sigue siendo el objetivo de la política "K", que siempre se centró en construir un "país para todos".

SITUACIÓN DE ARGENTINA EN 2005 SEGÚN LA UNICEF

La Argentina está recuperándose lentamente de una crisis económica y social sin precedentes que deterioró de manera significativa la situación social, especialmente en las condiciones de vida de la gran mayoría de las familias. Siendo la más prolongada e intensa de los últimos años, se estima que el 50% de la población habrá vivido durante más de diez años en condiciones de pobreza. A partir del segundo semestre de 2004, los indicadores de pobreza, medida en términos del ingreso que percibe la población, muestran tendencias a mejorar: el 40,2% vive bajo la línea de pobreza.

Millones de niños se encuentran sin acceso al goce pleno de sus derechos. Los niños son quienes más sufren la pobreza. Según datos de la Encuesta Permanente de Hogares Continua (2° semestre de 2004), el 56% de las personas menores de 18 años vive bajo la línea de pobreza y el 23,4%, bajo la línea de indigencia.

Uno de los principales factores asociados a la pobreza es el desempleo. Si bien éste muestra una leve recuperación, todavía alcanza al 13,6% de la población económicamente activa (EPH Continua, 2° semestre de 2004). El aumento de la desigualdad en la distribución del ingreso demuestra que la reactivación económica no ha logrado revertir la creciente concentración del ingreso, que se constituye en uno de los rasgos más característicos del patrón de acumulación de los últimos diez años. El 40% más pobre de la población se distribuye solamente el 12,20% del ingreso.

La desigualdad territorial es un rasgo de larga data en el país. Las regiones Nordeste y Noroeste concentran a la población más pobre, lo que denota la inequidad prevaleciente entre las jurisdicciones provinciales. Mientras que en la Región Patagónica el 32,8% de los niños, niñas y adolescentes es pobre, en la Región NEA esa cifra asciende al 70% (EPH Continua, 2004). Una significativa franja de la población era pobre aun antes del estallido de la crisis y se puede presumir que fue la que sufrió los peores efectos, debido a la condición de mayor vulnerabilidad y exclusión social en que se encontraba.

El empobrecimiento de las familias puso en riesgo varios derechos de los chicos. Los programas de compensación a las familias implementados por el gobierno de la Nación en el momento más duro de la crisis aliviaron en parte los efectos de la pobreza y han ido cediendo lugares a políticas universales estables que han permitido, pese a la situación crítica, aumentar la seguridad alimentaria de las familias, bajar de manera importante la mortalidad infantil y alentar el retorno a la escuela de quienes tuvieron que dejarla. La inversión social fue fuertemente afectada por la crisis, siguiendo el carácter cíclico de la economía, y se redujo a los niveles de los primeros años de la década de 1990.

La inversión social en la niñez, que es monitoreada por el Ministerio de Economía de la Nación, en cooperación con el UNICEF, muestra en el año 2004 que la nutrición, la educación y la salud han sido las prioridades en el destino de los recursos. La Argentina enfrenta desafíos altos para mejorar la calidad de vida de su población, especialmente de los niños, las niñas y los adolescentes. Se ha trazado metas propias y exigentes en el marco de los Objetivos de Desarrollo del Milenio y ha puesto en marcha un Plan Nacional de Acción por los Derechos de Niños, Niñas y Adolescentes.

El país que deja Cristina
Argentina: panorama general (2015)
BANCO MUNDIAL

CONTACTOS EN LA OFICINA DEL PAÍS

ARGENTINA +5411 4316-9700 Bouchardo 547, piso 29 CP1106. Buenos Aires
Correo electrónico
EEUU +1 202 473-10001818 H Street NW,

Washington, DC 20433

Con un Producto Interno Bruto (PIB) de más de US$540.000 millones, Argentina es una de las economías más grandes de América Latina. En los últimos años, Argentina priorizó promover un desarrollo económico con inclusión social.

En la arena internacional, Argentina disfruta de buenas relaciones con la mayoría de países de la región, en particular con Brasil y Venezuela. Su participación en el G-20, representando a América Latina junto a Brasil y México, le otorga una voz destacada en la formulación de políticas para la región.

La economía argentina se caracteriza por sus valiosos recursos naturales, que llevan al país a ser uno de los principales productores de alimentos, de la mano de la agricultura y la ganadería vacuna. La Argentina es uno de los mayores exportadores de carne en el mundo y el primer productor mundial de girasol, yerba mate, limones, y aceite de soja. La apertura del mercado de China representa un impulso en la consolidación de un perfil exportador.

El país ha crecido sostenidamente durante la última década y ha invertido fuertemente en salud y educación, áreas en las que se destina el 8% y el 6% del PIB, respectivamente. Entre 2003 y 2009, la clase media se duplicó pasando de 9,3 millones a los 18,6 millones (equivalentes al 45 % de la población).

Se ha priorizado el gasto social a través de diversos programas, entre los que se destaca la creación de la Asignación Universal por Hijo, que alcanza a aproximadamente 3,7 millones de niños y adolescentes hasta 18 años, el 9,3% de la población del país.

Sin embargo, en los últimos meses las cuentas internacionales han empeorado debido a crecientes presiones en el escenario global y en particular el empeoramiento de la situación económica en Brasil. En el plano fiscal, durante el primer semestre de 2015 el déficit primario fue del 1.0% del PIB y el déficit financiero alcanzó el 2,3% del PIB (más del doble que para el primer semestre de 2014). Si bien los ingresos del sector público aumentaron un 29% en términos nominales en el primer semestre con respecto al año anterior, los gastos aumentaron aún más (40%). Las previsiones de crecimiento para 2015 se encuentran en torno al 0,5%.

Última actualización: Sep 22, 2015

DICIEMBRE 12, 2014

Según el Banco Mundial, Argentina está entre los países con mejores indicadores en desempleo juvenil...

Sobre un conjunto de 32 países, entre los cuales están incluidos todos los que conforman el G-20...Argentina, nuestro país, tuvo el mejor desempeño en la reducción de éste verdadero flagelo: jóvenes desocupados.

 SEGÚN EL BANCO MUNDIAL, ARGENTINA ESTÁ ENTRE LOS MEJORES PAÍSES CON MEJORES INDICADORES EN DESEMPLEO JUVENIL.

VER: HTTP://DATOSBANCOMUNDIAL.ORG/INDICADOR/ SLUEM.1524.ZS

DONDE TIENE MENOR DESEMPLEO JUVENIL, QUE LA MAYORÍA DE LOS PAÍSES DEL G20 Y LO

POSICIONA COMO EL QUE MÁS REDUJO EL DESEMPLEO JUVENIL EN TODO EL MUNDO.

El **informe** analiza los índices del año 2002 al 2014, y en ese período Argentina figura al tope de la reducción con el 58,89%.

Prácticamente un 59% de reducción de la tasa de desempleo juvenil. Y también uno de los países con menor tasa de desempleo juvenil: 14,10%.

VER TABLA DEL BANCO CENTRAL:

Cualquier persona puede acceder a través de un buscador (google) a las estadísticas de pobreza, igualdad, desempleo, inflación, desarrollo, crecimiento, etc. Y nadie podrá decir que esas estadísticas son del INDEC, ya que son organismos internacionales, con sus propios investigadores privados

Este es el link donde podemos acceder a cualquier estadística, nada menos que del Banco Mundial.

Argentinahttp: //www.bancomundial.org/

PAISES	2002	2005	2008	2011	2014	EVOLUCIÓN 2002-2014
Grecia	26,30%	25,40%	21,80%	43,90%	54,80%	108,37%
España	22,90%	20,30%	25,50%	47,30%	54,30%	137,12%
Portugal	11,60%	16,10%	16,50%	30,10%	37,70%	225,00%
Italia	27,10%	24,00%	21,20%	29,10%	35,30%	30,26%
Suecia	13,00%	22,50%	20,80%	23,10%	24,10%	85,38%
Reino Unido	11,20%	12,40%	14,50%	20,20%	21,30%	90,18%
Bélgica	17,80%	21,50%	17,90%	18,70%	19,80%	11,24%
Colombia	25,10%	23,00%	27,10%	20,90%	19,50%	-22,31%
Luxemburgo	6,90%	13,60%	17,70%	16,70%	18,50%	168,12%
Finlandia	19,40%	18,90%	15,70%	18,90%	17,70%	-8,76%
Nueva Zelandia	11,80%	9,70%	11,30%	17,30%	17,70%	50,00%
Estados Unidos	12,30%	11,50%	13,10%	17,50%	16,50%	34,15%
Chile	21,70%	19,80%	19,70%	17,60%	16,30%	-24,88%
Uruguay	21,90%	23,50%	19,50%	17,30%	16,30%	-25,57%
Venezuela	28,20%	19,80%	13,60%	17,40%	16,20%	-42,55%
Brasil	18,00%	19,30%	15,40%	15,20%	15,50%	-13,89%
Federación de Rusia	15,50%	15,50%	14,10%	15,30%	14,90%	-3,87%
Canadá	13,70%	12,40%	11,60%	14,20%	14,30%	4,38%
Dinamarca	7,40%	8,60%	8,00%	14,20%	14,10%	90,54%
Argentina	34,30%	24,40%	18,80%	18,80%	14,10%	-58,89%
Paraguay	18,60%	11,10%	11,60%	11,90%	13,00%	-30,11%
Australia	12,80%	10,60%	8,80%	11,30%	11,70%	-8,59%
Ecuador	17,60%	14,20%	13,20%	9,40%	10,10%	-42,61%
China	9,20%	8,70%	9,20%	9,30%	9,70%	5,43%
India	9,90%	9,90%	10,10%	10,20%	9,70%	-2,02%
México	5,80%	6,60%	7,00%	9,80%	9,40%	62,07%
Noruega	11,20%	11,80%	7,50%	8,60%	8,60%	-23,21%
Suiza	5,60%	8,80%	7,00%	7,70%	8,40%	50,00%
Honduras	5,90%	7,20%	5,20%	8,10%	8,20%	38,98%
Pakistán	13,50%	11,10%	7,90%	8,00%	8,20%	-39,26%
Alemania	9,80%	15,20%	10,40%	8,50%	8,10%	-17,35%
Japón	10,10%	8,70%	7,20%	8,00%	7,90%	-21,78%

Nivel de ingresos

Ingreso alto: No miembros de OCDE

PIB (US$ a precios actuales) (Click + Control)
$537,7 mil milliones 2014

Población, total (Click + Control)
42,98 millones 2014

Indicadores del desarrollo mundial

Cree gráficos y mapas y compare más de 1.000 indicadores de series cronológicas de los Indicadores del desarrollo mundial y más de 5.000 de otras colecciones, como Estadísticas de género, Indicadores del desarrollo de África y Estadísticas sobre educación.

Inscripción escolar, nivel primario (% bruto) (Click + Control)

124% 2012
- Argentina
- Ingreso alto: No miembros de OCDE

Emisiones de CO2 (toneladas métricas per cápita) (Click + Control)
4,6   2011
- Argentina
  Ingreso alto: No miembros de OCDE

Esperanza de vida al nacer, total (años) (Click + Control)

76 2013

- Argentina
- Ingreso alto: No miembros de OCDE

INB per cápita, método Atlas (US$ a precios actuales) (Click + Control)

$13.480 2014

- Argentina
- Ingreso alto: No miembros de OCDE

Nivel general de la capacidad estadística (Click + Control) (escala 0 - 100)

95,6 2015

- Argentina
- Ingreso alto: No miembros de OCDE

Proyectos y operaciones

Préstamos por ejercicio (Click + Control)

FUENTE

$1,337 mil millones FY2015

- Argentina

Nombre de projets par exercice (*Click + Control)*

VER : <u>FUENTE</u>
6 FY 2015
Argentina

Argentina
Nivel de ingresos Ingreso alto: No miembros de OCDE
<u>PIB (US$ a precios actuales)</u> (Click + Control)
<u>$537,7 mil milliones</u> 2014

<u>Población, total</u> (Click + Control)
<u>42,98 milliones</u> 2014

Indicadores del desarrollo mundial

Cree gráficos y mapas y compare más de 1.000 indicadores de series cronológicas de los Indicadores del desarrollo mundial y más de 5.000 de otras colecciones, como Estadísticas de género, Indicadores del desarrollo de África y Estadísticas sobre

<u>Inscripción escolar, nivel primario (% bruto)</u> (Click + Control)
111% 2013

educación.

- Databank (Click + Control)
- Descargar datos

- Argentina
- Ingreso alto: No miembros de OCDE

Fuente
Emisiones de CO2 (toneladas métricas per cápita) (Click + Control)
4,6 2011

- Argentina
- Ingreso alto: No miembros de OCDE

Fuente
Esperanza de vida al nacer, total (años)
(Click + Control)
76   2014

- Argentina
- Ingreso alto: No miembros de OCDE

Fuente
INB per cápita, método Atlas (US$ a precios actuales) (Click + Control)
$13.480 2014

- Argentina
- Ingreso alto: No miembros de OCDE

Fuente
Nivel general de la capacidad estadística
(escala 0 - 100) (Click + Control)
95,6 2015

- Argentina
- Ingreso alto: No miembros de OCDE

Fuente

Perspectivas económicas mundiales - Pronósticos

Perspectivas económicas mundiales examina las tendencias de la economía mundial y sus efectos en los países en desarrollo. El informe incluye pronósticos para tres años, específicos para cada país, de los principales indicadores macroeconómicos, incluidos productos básicos y mercados financieros.

Tasa de crecimiento porcentual anual del PIB a precios de mercado sobre la base de dólares de EE.UU. constantes de 2010. **(Click + Control)**

Fuente

DATOS
Argentina

Pronósticos (2014, 2015, 2016, 2017, 2018)

Proyectos yArgentina

Nombre de projets par exercice(Click + Control)
Fuente
6FY2015
- Argentina

Finanzas

Explore datos sobre las finanzas del Banco Mundial –divida conjuntos de datos, visualice datos, compártalos con otros usuarios del sitio o por medio de redes sociales o millones

Resumen de préstamos del BIRF (Click + Control)
$9,586 mil millones

use la aplicación móvil.　　　Desembolsado hasta el

Finanzas(Click + Control) 3/31/2016

- Monto principal inicial
- Monto desembolsado
- Monto sin desembolsar
- Obligaciones del prestatario
- Monto cancelado

Resumen de contribuciones a los Fondos de intermediarios financieros(Click + Control)

$5,000 milliones
Pagado hasta el 12/31/2013
Fuente (Click + Control)

Encuestas

La Biblioteca de Microdatos contiene conjuntos de datos producidos por el Banco Mundial, tales como evaluaciones de impacto de operaciones o investigaciones sobre temas de desarrollo. También incluye conjuntos de datos de otras organizaciones internacionales, organismos estadísticos y otras entidades de países de ingreso mediano y bajo. Microdatos (Click + Control)

Argentina duplicó su clase media en la última década, dice informe del Banco Mundial

Noviembre 13, 2012

El Presidente del Banco Jim Yong Kim indica que el mundo puede aprender de aquellas políticas públicas que aumentaron la riqueza de millones

Un nuevo informe del Banco Mundial publicado hoy revela que **la clase media en Argentina se duplicó en la última década**, destacándose además como el país latinoamericano con el **mayor aumento de su clase media como porcentaje de la población total**. América Latina y el Caribe en su totalidad registró un aumento del 50 por ciento en el número de personas que accedieron a la clase media en la última década, algo que los economistas consideran un logro histórico en una región largamente dividida por la desigualdad.

El informe, *"La movilidad económica y el crecimiento de la clase media en América Latina"*, revela que la clase media en la región creció hasta comprender unos 152 millones de personas en 2009, comparado con 103 millones en 2003, un aumento del 50 por ciento. Para Argentina, la clase media aumentó en ese periodo de 9.3 millones a 18.6 millones. Ese aumento de más de 9.3 millones representa un 25 por ciento de la población total de Argentina, el mayor porcentaje de crecimiento de la clase media en toda la región durante la última década, seguido por Brasil con 22 por ciento y Uruguay con 20 por ciento.

"La experiencia reciente en América Latina y el Caribe le muestra al mundo que se puede brindar prosperidad a millones de personas a través de políticas que encuentran un equilibrio entre el crecimiento económico y la ampliación de oportunidades para los más vulnerables", dijo **el Presidente del Banco Mundial Jim Yong Kim**. *"Los gobiernos de América Latina y el Caribe aún tienen mucho por hacer — un tercio de la población sigue en la pobreza — pero debemos festejar el aumento de la clase media y aprender de él"*.

Durante décadas, la reducción de la pobreza y el crecimiento de la clase media en América Latina y el Caribe (ALC) avanzaba a un ritmo muy lento, a medida que el bajo crecimiento y la persistente desigualdad frenaban el progreso. En los últimos diez años, sin embargo, la suerte de la región mejoró significativamente gracias a ciertos cambios de política pública que enfatizaron la prestación de programas sociales junto a la estabilidad económica.

El resultado: la clase media creció un 50 por ciento hasta abarcar el 30 por ciento de la población regional en 2009. Otros de los éxitos más resonantes en la región son Brasil, que da cuenta de un 40 por ciento del crecimiento de la clase media en la región; Colombia, en donde el 54 por ciento de la población mejoró su nivel económico entre 1992 y 2008; y México, que vio el 17 por ciento de su población unirse a la clase media entre 2000 y 2010.

Hoy en día en América Latina, la clase media y los pobres representan aproximadamente la misma proporción de la población, de acuerdo al informe.

El informe revela que algunos de los factores más importantes a la hora de favorecer la movilidad ascendente en América Latina son un mayor nivel educativo entre los trabajadores; mayor nivel de empleo formal; más personas viviendo en áreas urbanas; más mujeres en la fuerza laboral y familias más pequeñas.

El informe define a los integrantes de la clase media como aquellos con un ingreso entre US$10 y US$50 por día y per cápita. Este nivel de ingreso proporciona una mayor capacidad de recuperación ante eventos inesperados y refleja una menor probabilidad de volver a caer en la pobreza.

El informe, sin embargo, también describe una cuarta clase vulnerable, subrayando la necesidad de que los países hagan mucho más por incrementar la prosperidad general. A los miembros de esta clase vulnerable, que representa el 38 por ciento de la población, les fue mucho mejor que a los pobres en términos de ingreso, pero aún carecen de la seguridad económica de la clase media. Atrapados entre los dos, esta clase vulnerable tiene ingresos diarios de entre US$4 y US$10 per cápita.

El informe también determinó que, con la excepción de años de educación, la movilidad intergeneracional sigue siendo limitada. El origen económico y social de los padres de una persona joven sigue jugando un papel sustancial a la hora de determinar el futuro económico de esa persona.

Esto podría cambiar, sin embargo, de acuerdo a **Augusto de la Torre, Economista en jefe del Banco Mundial para América Latina y el Caribe**. *"Una sociedad con una clase media creciente es más propensa a reducir dichas desigualdades"*, dijo. *"Está ampliamente aceptado que la clase media es una agente de estabilidad y prosperidad. En una región de ingreso medio como América Latina, una clase media más grande tiene repercusiones cruciales".*

En todo el mundo, una clase media más grande puede significar mejor gobernanza, mercados crediticios más profundos y un mayor gasto en sectores sociales como salud pública y educación. Sin embargo, esta fórmula aún no se ha materializado del todo en América Latina, indican los autores del informe. Lo atribuyen a razones históricas.

En la segunda mitad del siglo XX, las pequeñas clases altas y medias de la región tenían un escaso compromiso con y pocas expectativas de su gobierno; no se les pedía que pagaran mucho en impuestos y no esperaban recibir mucho en términos de servicios públicos. Como resultado, el Estado era típicamente pequeño y la clase media solía evitar los servicios públicos, incluso pagando de manera privada servicios básicos como electricidad y seguridad.

Si bien esta realidad ha cambiado en los últimos 10 a 20 años, el resquebrajado contrato social de la región muchas veces mantiene a la clase media optando por opciones privadas, volviéndola reacia a contribuir al erario público. Esto a su vez reduce las oportunidades de aquellos que permanecen en la pobreza de unirse a los recién incorporados a la clase media.

El informe identifica tres estrategias que los gobiernos pueden utilizar para lograr el apoyo de la clase media a un contrato social más justo y legítimo:

Incorporar de manera explícita el objetivo de igualdad de oportunidades en la política pública para romper con la percepción de que el sistema está amañado a favor de los más privilegiados.

Entablar una segunda generación de reformas al sistema de protección social — incluidas tanto la asistencia social como la seguridad social — para superar la fragmentación y por ende hacerlo más justo y eficiente.

Romper el círculo vicioso de impuestos bajos y mala calidad de los servicios públicos invirtiendo una parte de las ganancias extraordinarias derivadas de las materias primas en mejorar la calidad de los servicios públicos.

Este debate en torno a la política social sobre cómo lograr un mayor compromiso por parte de los sectores más ricos de la población probablemente siga siendo un tema clave para América Latina en el futuro inmediato. Para impulsar dicha discusión, el informe concluye que la aplicación de reformas apropiadas convertirá a la clase media en un agente de cambio cada vez más poderoso para brindar prosperidad a quienes se han quedado atrás.

OTROS DATOS OBJETIVOS

Sabemos que se ha criticado a Cristina Kirchner por sus largos discursos en las sucesivas Asambleas Legislativas en el inicio de sesiones, cada año .y en las Cadenas Nacionales donde nos hacía conocer todo lo que hacía y proyectaba..
Y analizando, la cantidad de Obras de las que debía dar cuenta a su pueblo, vemos que hasta resultaba escaso el tiempo para abarcar la inmensidad de tareas realizadas . Pero, veamos:

Ella debía rendirnos cuentas sobre las siguientes OBRAS DE GOBIERNO :

En ECONOMÍA:

CANCELACIÓN DE LA DEUDA CON EL FMI.
En relación con el Fondo Monetario Internacional, y dada la decisión de proceder a la cancelación anticipada de la deuda que la República mantenía con dicho organismo, a finales del año 2005 se procedió a cancelar la misma con las reservas de libre Disponibilidad del Banco Central de la República Argentina.

CUMPLIMIENTO CON ÉXITO EL PROCESO DE CANJE DE NUESTRA DEUDA EXTERNA. La propuesta argentina obtuvo el 76% de adhesión, lo cual implicó un ahorro de U$S 67.000 millones, incluyendo la quita de capital e intereses derivadas del canje.

ACUERDOS DE PRECIOS. Suscripción de cincuenta y cinco (55) acuerdos con diferentes sectores del mercado, con el fin de lograr un consenso entre los diversos agentes del mismo, a fin de implementar políticas de contención de alzas desmedidas de precios, cuando la estructura de costos no lo justifica. Ello ha permitido mantener en porcentajes razonables las subas de precios y con ello la consecuente estabilidad del índice inflacionario.

AMORTIZACIÓN ACELERADA DE BIENES DE CAPITAL Y DEVOLUCIÓN ANTICIPADA DEL IVA. IMPLEMENTACIÓN DEL FIDEICOMISO DE REFINANCIACIÓN HIPOTECARIA.

ESTABILIDAD MACROECONÓMICA: la economía argentina está transitando su 5° año consecutivo de crecimiento a un fuerte ritmo que ronda entre el 8 y el 9 por ciento anual, sin mostrar signos de desaceleración y con firmes expectativas de que continuará el proceso de crecimiento a una tasa todavía elevada. luego de la crisis económica y financiera más grave de la que se tenga memoria la economía experimentó un cambio decisivo en su modo de funcionamiento. se mantiene un superávit fiscal elevado, consistente con la estrategia de desendeudamiento del país y con el manejo de la política económica en la fase ascendente del ciclo económico. la política monetaria acompaña al crecimiento económico y contribuye a la estabilidad macroeconómica al apuntalar la competitividad de los sectores transables de la economía y al asegurar, vía acumulación de reservas internacionales, la cobertura necesaria frente a eventuales turbulencias en los mercados internacionales, al tiempo que se expande el crédito doméstico especialmente el dirigido a las pymes.

CRECIMIENTO ECONÓMICO: se produce en el marco de una solidez en las cuentas externas de la economía que prácticamente no tiene parangón en otras etapas de la historia del país. en efecto, la economía sigue mostrando un cuantioso superávit comercial y en cuenta corriente, a pesar de que las importaciones reflejen el alto crecimiento de la actividad. más del 41 por ciento de nuestras importaciones son de bienes de capital, lo que está marcando con toda claridad que la inversión está dirigiéndose claramente a consolidar el crecimiento en bienes de capital.

INCREMENTO EN EL ACERVO DE RESERVAS INTERNACIONALES:
Se produce fundamentalmente como consecuencia de dicho superávit, y no como efecto de un proceso irresponsable de endeudamiento del exterior. Hoy las reservas que tenemos son absolutamente genuinas.

INCREMENTO DE LA INVERSIÓN: La inversión, un componente crucial para asegurar la sostenibilidad del crecimiento, acumuló un incremento de su mínimo histórico más reciente y ya se han superado los niveles máximos de la década de los 90, sin endeudar al país. En términos de la relación de inversión y PBI, la misma alcanzó el 21,5. Dentro del gasto de inversión se destaca la evolución de la compra de equipo durable, que luego de 4 años de crecimiento mostró en el tercer trimestre de 2006 un alza interanual del 22,4, más del doble de lo que viene creciendo el producto y ya alcanza el máximo de la convertibilidad cercano al 9 por ciento del PBI.

MEJORA EN LA DISTRIBUCIÓN DEL INGRESO. Entre 2002 y 2006, la participación de los salarios en el ingreso pasó del 34,6% al 41,3%, un aumento de casi siete puntos porcentuales. En 2006, en apenas un año, se verificó un incremento de casi tres puntos porcentuales respecto de 2005.

REFORMA DEL RÉGIMEN DEL IMPUESTO A LAS GANANCIAS. En agosto de 2007 se aprobó la reforma de Ganancias para los trabajadores en relación de dependencia. Más de 800.000 trabajadores se beneficiaron con el aumento del mínimo no imponible de ese impuesto, que pasó a ser de 4.600 pesos para trabajadores casados con dos hijos, y a 3.400 pesos para los solteros.

AUMENTO DE JUBILACIONES Y PENSIONES. Los haberes de los jubilados y pensionados nacionales fueron incrementados en un 12,5% en agosto de 2007. La jubilación mínima pasó de 530 pesos a 596,20 pesos, monto que se eleva a 620 pesos si se agrega el subsidio sanitario del PAMI.

RECUPERACIÓN DEL CONSUMO: El consumo privado acompaña la evolución del producto, la recuperación del consumo está asociada, principalmente, a la mayor participación en el producto de la masa salarial, que ha sido posible en virtud de la creación de nuevas oportunidades de empleo y del aumento de los salarios reales de la economía.

ESTÍMULO A LA INVERSIÓN: Entre las principales políticas desarrolladas se debe señalar el Régimen de Promoción de Inversiones en Bienes de Capital y Obras de Infraestructura que contempla inversiones por u$s 2.000 millones y la creación de aprox. 59.000 puestos de trabajo, directos e indirectos. Otros programas son el Régimen de Admisión Temporaria de Bienes de Capital; y el Régimen de Importación de Líneas de Producción Usadas y Nuevas.

ESTÍMULO A LA PRODUCCIÓN LOCAL: a través del Régimen de Incentivos Fiscales a la Fabricación Local de Bienes de Capital, 1.503 empresas inscriptas reciben beneficios, además de los otorgados por el Saldo Técnico del IVA.

LEY DE PROMOCIÓN DE INDUSTRIA DEL SOFTWARE y Plan Estratégico de Software

IMPULSO AL SECTOR PYME:

CRÉDITO FISCAL PARA CAPACITACIÓN

REDUCIÓN DE LAS TASAS DE INTERÉS DE TARJETAS DE CRÉDITO-

AMPLIACIÓN Y FLEXIBILIZACIÓN DEL RÉGIMEN DE FINANCIAMIENTO DEL IVA PARA LAS

COMPRAS DE BIENES DE CAPITAL EN LA ACTIVIDAD INDUSTRIAL, DE COMUNICACIONES, TELECOMUNICACIONES Y MINERÍA-

RÉGIMEN DE CANCELACIÓN SIMULTÁNEA DE DEUDAS IMPOSITIVAS Y LABORALES CONN REINTEGROS A LAS EXPORTACIONES-

ADELANTO DE LOS PLAZOS DE CANCELACIÓN DE DEUDAS EN CONCEPTO DE REINTEGROS A LAS EXPORTACIONES-

U$S 200.000.000 EN CRÉDITOS PARA PYMES CON FONDOS DEL BID Y LA CONTRAPARTE LOCAL

En SALUD:

POLÍTICA NACIONAL DE MEDICAMENTOS.
Prescripción de medicamentos por nombre genérico. Programa REMEDIAR, de entrega gratuita de medicamentos a 15 millones de personas que no tenían acceso. Ampliación de la cobertura del 40 al 70% en los medicamentos necesarios en las enfermedades crónicas más frecuentes.

EL ACCESO GRATUITO A MÉTODOS ANTI CONCEPTIVOS HORMONALES, INCLUYENDO DISPOSITIVOS INTRAUTERINOS
(DIU) Y PRESERVATIVOS.
A inicios del 2003 sólo 7 provincias contaban con programas de salud reproductiva. Hoy la totalidad

de las provincias cuenta con algún programa de este tipo gracias a los insumos distribuidos desde el programa nacional de Salud Reproductiva. La adquisición y distribución a organismos nacionales, provinciales y a organizaciones de la sociedad civil de 25.000.000 preservativos, equivale a un gasto de $3.000.000 de fuente nacional.

IMPULSO PARA LA SANCIÓN LA LEY DE ANTICONCEPCIÓN QUIRÚRGICA, Y LA LEY DE EDUCACIÓN SEXUAL INTEGRAL. A su vez, se aprobó el Protocolo Facultativo de la Convención para la Eliminación de Todas las Formas de Discriminación contra la Mujer (CEDAW) gracias al cual las mujeres argentinas podrán reclamar internacionalmente el efectivo cumplimiento de sus derechos ante un organismo imparcial conformado por expertas.

PLAN NACER: Brinda cobertura médica gratuita a todas las mujeres embarazadas y niños de hasta 6 años de edad que carezcan de la misma. Implementación de la primera etapa en las provincias del NOA y NEA. La población inscripta en el Plan alcanza a 404.000 beneficiarios; 32.000 mujeres embarazadas y puérperas y 372.000 niños menores de 6 años. Campañas masivas en posicionamiento del plan, inscripción, difusión de los beneficios y derechos de los beneficiarios a través de producciones gráficas, radiales y televisivas. Plan comunicacional de la temática de incentivo a la facturación, y adaptación de las estrategias a las pautas culturales de la población indígena.

PROGRAMA MÉDICOS COMUNITARIOS: A través de la implementación del Programa Médicos Comunitarios y el Postgrado en Salud Social y Comunitaria se está comenzando a transformar el modelo de atención del primer nivel en el país mediante el mejoramiento de la formación en APS de los Equipos de Salud. Han sido incorporados 3.000 profesionales al primer nivel de atención de los cuales 100 desempeñan sus actividades con pueblos originarios. Incorporación de 6.000 alumnos al Posgrado en Salud Social y Comunitaria, lo que ha permitido un espacio de formación y compromiso sobre la práctica profesional, basada en el trabajo en equipo, e interdisciplinario. Implementación una nueva lógica de formación orientada a la atención primaria.

INICIATIVA ESCUELAS PROMOTORAS DE SALUD:
Coordinación con los equipos interministeriales de salud y educación provinciales para la gestión de la iniciativa. Proyecto "Nuevas Perspectivas en Promoción de la Salud y Calidad de Vida". Etapa de investigación diagnóstica, aplicación de encuestas en 115 escuelas de todo el país a 6.500 alumnos, en coordinación con el Instituto Gino Germani de la UBA.

PREVENCIÓN Y PROMOCIÓN DE LA SALUD
Se incorporaron, en todos los programas nacionales existentes, componentes y acciones orientados específicamente a la prevención y promoción de la salud.

78

VIH/SIDA: Proyecto de capacitación en DDHH, Sexualidad y prevención VIH/SIDA destinado a docentes de diferentes regiones del país, para el trabajo en VIH/SIDA con niños y jóvenes escolarizados. Desarrollo del Proyecto de Prevención de la Transmisión Vertical de VIH/SIDA, Sífilis y Chagas en el NEA y NOA en el marco del Plan de erradicación de la transmisión vertical a nivel Nacional. Entrega gratuita de medicamentos ARV y NO ARV a 22.000 personas que viven con VIH / SIDA y no poseen cobertura de salud. Llínea 0800 - Pregunte SIDA: Servicio de respuesta inmediata a la comunidad, con la atención permanente de 70.000 consultas telefónicas sobre VIH / SIDA, ITS y reducción de daños, con el objetivo de contribuir a la prevención, consejería, tratamiento y derivación. Cobertura a 1.600 niños recién nacidos, hijos de mujeres viviendo con VIH, con leche de inicio "maternizada", medicamentos antirretrovirales y pruebas diagnósticas de VIH, con el objetivo de disminuir la transmisión vertical de VIH.

DENGUE: Fortalecimiento de la vigilancia epidemiológica, el diagnóstico control y la prevención del Dengue

GRIPE AVIAR: Proyecto de decreto conformando el Comité de Emergencia para una posible pandemia de Gripe Aviar

EPILEPSIA: Rediseño del Vademécum del Plan Remediar para las drogas denominadas clásicas para epilepsia.

RUBEOLA CONGÉNITA: Realización de la Campaña Nacional para la eliminación del

Síndrome de Rubéola Congénita y control de la rubéola en mujeres de 15-39 años alcanzando a nivel nacional una cobertura del 97%, lo que representa 6.590.000 mujeres vacunadas entre los meses de octubre y noviembre.

FIEBRE HEMORRÁGICA: Introducción de la vacuna Candid #1, contra la Fiebre Hemorrágica Argentina, dirigida a poblaciones de riesgo residentes en las provincias de Buenos Aires, Santa Fe, Córdoba y La Pampa. Esta vacuna es producida por el Instituto Nacional de Enfermedades Virales Humanas INEVH-ANLIS.

ADICCIONES: Mantenimiento de la oferta de tratamientos para pacientes drogadictos, aún en un año de gran incremento de la expansión de la toxicomanía, apoyada en la emergencia de drogas de bajo costo, distribuidas entre los sectores más carecientes de la población. El centro, una de las más eficaces alternativas para pacientes sin cobertura de obra social o sistemas de salud, ha podido mantener un alto nivel de prestaciones.

TABAQUISMO: Creación del Programa Nacional de Control del Tabaco, bajodependencia directa de la Subsecretaría de Programas de Prevención y Promoción de la Salud (Resolución 1124/06) y Creación del Registro Nacional de Servicios de Cesación Tabáquica.

DONACION DE ORGANOS: Campañas de difusión y promoción de la Donación de Órganos a nivel nacional, provincial y municipal en coordinación activa y permanente con todas las jurisdicciones y las Organizaciones No Gubernamentales a través del Consejo Asesor de Pacientes (Ley 24.193). Líneas de canales informativos con el INCUCAI a través de la línea gratuita 0800 555 4628 y de la Página Web http://www.incucai.gov.ar/. (Click + Control)

PLAN NACIONAL "ARGENTINA CAMINA"
Propuesta para estimular la actividad física y combatir el sedentarismo, a través de la incorporación regular de caminatas y otras actividades físicas con una frecuencia de al menos treinta minutos diarios, cinco veces por semana.

En SEGURIDAD

LEY ANTISECUESTRO: La norma otorga mayores atribuciones a los fiscales permitiéndoles hacer allanamientos, ordenar escuchas telefónicas y tomar declaraciones. Establece condenas de entre 5 y 15 años a quien secuestre, retenga u oculte a una persona para cobrar rescate. Asimismo, si el culpable logra cobrar un rescate, el mínimo se eleva a 8 años de prisión. Castiga también con prisión o reclusión perpetua a los secuestradores que causan intencionalmente la muerte de la víctima. Esta legislación permitirá a los jueces y fiscales actuar en ajena jurisdicción territorial cuando haya riesgo de vida para la persona secuestrada. La reforma al Código Penal, que incluye un endurecimiento de las penas para los secuestros extorsivos; crea la figura del "arrepentido" a quien se le reduce la pena para estos delitos si delata a los demás participantes y permite que se decomise el inmueble donde un secuestrado estuvo detenido, para que el Estado lo use en programas de asistencia a la víctima.

LEY DE AGRAVAMIENTO DE PENAS
Se aumentaron en un tercio las penas para los delitos cometidos por miembros de las fuerzas de seguridad y para mayores que utilicen menores para delinquir.

CREACIÓN DE LA DIRECCIÓN NACIONAL DE INTELIGENCIA CRIMINAL
En cumplimiento de la Ley 25.520 de Inteligencia Nacional. -Coordinación de la acción de las Fuerzas Policiales Provinciales en los Consejos Provinciales de Complementación.-Organización operativa del Sistema Federal de Emergencias (SIFEM).- Profundización de la coordinación en la lucha antiterrorista y contra el delito, en el MERCOSUR y en la Triple Frontera.

INCREMENTO DEL CONTROL DE ARMAS:
Destrucción de 485 armas de fuego; incorporación al Banco de Datos del Registro Nacional de Armas (RENAR) de 2.308 solicitudes de secuestro de armas de fuego; otorgamiento de la condición de legítimo usuario de armas a través de la disposición RENAR 197/06; establecimiento de nuevos recaudos para los portadores individuales por disposición RENAR 198/06.

CONSTRUCCIÓN DE UN ESQUEMA FEDERAL INTEGRADO DE SEGURIDAD EN EVENTOS FUTBOLÍSTICOS

En articulación con las jurisdicciones provinciales y establecimiento de acuerdos programáticos cuyo resultado fue la elevación al Senado de la Nación del proyecto de Ley de creación del Consejo Federal de Seguridad en los Espectáculos Futbolísticos.

En TURISMO

LEY NACIONAL DE TURISMO:
Impulsada por Ejecutivo Nacional, con la participación y concertación del sector público y privado. Declara al turismo como una política de Estado y como una actividad socioeconómica estratégica y prioritaria para el desarrollo del país.

PLAN FEDERAL ESTRATÉGICO DE TURISMO SUSTENTABLE:
Estrategia de desarrollo económico y sustentable hasta 2016 con una inversión anual aproximada de 550 millones de pesos.

INST. NACIONAL DE PROMOCIÓN TURÍSTICA.
A partir de la firma del Decreto Reglamentario de la Ley 25.997. Este instrumento de gestión constituye un avance importantísimo para optimizar el uso de los recursos y el impacto de las acciones promocionales de nuestro destino en el exterior.

PROGRAMA FEDERAL DE TURISMO EDUCATIVO Y RECREACIÓN INFANTIL: 10.000 alumnos de las escuelas primarias más pobres del país visitaron los complejos turísticos de Chapadmalal y Embalse.

En TRABAJO

MEJORA DE LA CALIDAD DEL TRABAJO Y REDUCCIÓN DE LA INFORMALIDAD LABORAL. En el marco del Plan Nacional de Regularización del Trabajo fueron fiscalizadas mas de 65.000 empresas (en su gran mayoría establecimientos con dotaciones de entre 5 y 50 trabajadores, por ser las de mayores porcentajes de no registro) y relevados más de 210.000 trabajadores. En este marco, en marzo de 2004 se sancionó la Ley 25.877 de Ordenamiento Laboral, que otorga nuevas competencias a la Cartera Laboral -en coordinación con la Administración Federal de Ingresos Públicos- en materia de fiscalización y sanción ante los incumplimientos de los empleadores a sus obligaciones ante el sistema de la Seguridad Social.

INCREMENTO DEL PODER ADQUISITIVO DE LOS SALARIOS CON LA REDUCCIÓN DE LA HETEROGENEIDAD DE LOS INGRESOS.
Los salarios de los trabajadores de menores ingresos aumentaron un 110 por ciento y también la remuneración de los no registrados aumentó en mayor proporción que los registrados, como respuesta a la política activa de salarios encarada por el Gobierno nacional. Luego de más de una década de ausencia, la convocatoria al Consejo Nacional del Empleo, la Productividad y el Salario Mínimo, Vital y Móvil marcó un punto de inflexión

tanto en materia de salario mínimo como en la relación y la búsqueda de consenso entre actores sociales. Mediante Resolución N° 2 (2 de Septiembre de 2004) se fijó en $ 450 el valor del Salario Mínimo, valor que entraría en vigencia a partir del 1° de Septiembre de 2004, conforme al Decreto N° 1192/04. Para los trabajadores del Sector Público (inciso a, artículo 8, Ley 24.156), mediante el Decreto 682/04, fue fijado un adicional de $ 150 no remunerativos para los trabajadores con ingresos menores a los $ 1.000. En diciembre de 2004 fue otorgado un nuevo adicional de $ 100 a los agentes públicos con ingresos menores a $ 1.250. A los trabajadores del Sector Privado, también en diciembre, se les otorgó una suma no remunerativa de $ 100 y elevó, a partir del 1° de abril de 2005, a $ 60 la suma otorgada por el Decreto 1347/03($ 50), transformándola en remunerativa. En cuanto a los
trabajadores del servicio doméstico, mediante la Resolución 134 del 27 de febrero de 2004, fueron fijadas nuevas remuneraciones mínimas, las que entraron en vigencia el 1° de marzo. Con relación a la escala vigente al 1° de enero de 2003, el incremento para el sector fue del 20 por ciento. Por su parte, los trabajadores rurales también tuvieron mejoras en sus ingresos a inicios de 2004. Desde el 1° de febrero, mediante la Resolución N° 4 de la Comisión Nacional de Trabajo Agrario, el salario mínimo mensual del Peón General se fijó en $ 550.

CREACIÓN DE UN NUEVO RÉGIMEN PARA EL EMPLEO DE PERSONAL DOMÉSTICO

Acompañado por la campaña masiva de comunicación "Trabajo en Blanco". INCREMENTO DE LAS JUBILACIONES. El haber mínimo ascendió a $626 a partir de septiembre 2007.

PROTECCIÓN CONTRA EL DESEMPLEO Y REDUCCIÓN DE ÍNDICES DE DESOCUPACIÓN.

A través del Decreto 369 del 31 de marzo de 2004 se prorrogó la suspensión de los despidos sin causa y se mantuvo la doble indemnización (artículo 16 de la Ley 25.561) hasta el 30 de junio. Posteriormente, por Decreto 823 del 23 de junio fue prorrogada la suspensión de los despidos sin causas hasta el 31 de diciembre de 2004 y reducido el agravamiento de la indemnización al 80 por ciento. Esa misma norma estableció que tanto la suspensión, como el agravamiento de la indemnización, cesarán cuando el índice de desempleo se ubique por debajo del 10 por ciento. En esta misma línea es necesario destacar la sanción de la Ley 25.972 (propuesta por el Poder Ejecutivo) que prorrogó la emergencia económica, social, administrativa y financiera hasta el 31 de diciembre de 2005. En su artículo 4°, esta norma prorroga la suspensión de los despidos sin causa hasta que la desocupación sea inferior al 10 por ciento y faculta al Poder Ejecutivo Nacional a determinar el porcentaje de agravamiento de la indemnización. En el mes de diciembre, este artículo fue reglamentado mediante Decreto, fijándose en un 80 por ciento el agravamiento de la indemnización por despido sin causa.

REDUCCIÓN DE LOS NIVELES DE TRABAJO NO REGISTRADO.

Se logró revertir la tendencia del aumento del empleo no registrado. En los últimos tres años han sido reducidos los niveles de trabajo no registrado. En el tercer trimestre del año 2003, el 49% del total de trabajadores no estaba debidamente registrado en el sistema de la Seguridad Social, porción que descendía a 43,6% si se considera el universo de los trabajadores del sector privado, excluidos el sector doméstico y los beneficiarios de planes de empleo. En la actualidad, logró revertirse la tendencia en la evolución de esta tasa. Las mediciones en los trimestres subsiguientes registraron paulatinas disminuciones, siendo los valores correspondientes en el primer trimestre del año 2006, de 46,2% para el total de trabajadores y de 41,7% en el segundo universo considerado.

BENEFICIO JUBILATORIO ANTICIPADO:
Para personas desocupadas que, aún no cumpliendo con la edad jubilatoria, cuenten con los 30 años de aportes requeridos. Esta norma también extendió una moratoria para aquellos autónomos y monotributistas que teniendo la edad jubilatoria registrasen deuda previsional que les impidiera alcanzar el beneficio

JUBILACIÓN AUTOMÁTICA PARA AUTÓNOMOS.
Mediante Resolución 625/2006 Administración Nacional de la Seguridad Social (ANSeS) se gestiona y otorga la Prestación Básica Universal (PBU), la Prestación Compensatoria (PC) y la

Prestación Adicional por Permanencia (PAP) con la sola consideración de los servicios autónomos.

LIBERTAD DE ELECCIÓN, POSIBILIDAD DE TRASPASO AL RÉGIMEN DE REPARTO

En JUSTICIA

MODIFICACIONES EN LA COMPOSICIÓN Y FUNCIONAMIENTO DEL CONSEJO DE LA MAGISTRATURA DE LA NACIÓN:
Mediante el impulso a la sanción de la Ley 26.080, que introdujo: Al asumir las nuevas autoridades del organismo, el Poder Ejecutivo de la Nación designó como su representante al funcionario a cargo de la Secretaría de Justicia de este Ministerio. Tal como lo establece el Decreto 1666/06, al dictar la medida, se tuvo en consideración que ello otorgará una más eficiente representación del Poder Ejecutivo en el Consejo, puesto que la Secretaría de Justicia es quien asiste al Ministro del Área en las relaciones con el Poder Judicial, el Ministerio Público y el Consejo de la Magistratura.

REDUCCIÓN A CINCO MIEMBROS EN LA COMPOSICIÓN DE MIEMBROS DE LA CORTE SUPREMA DE JUSTICIA DE LA NACIÓN:
Restableciendo la composición originaria del Tribunal con el objetivo de mejorar su funcionamiento en un marco de independencia entre los poderes estatales. Se estableció un nuevo procedimiento en cuanto al nombramiento de los integrantes de la Corte Suprema de la Nación, a partir del cual el Presidente de la Nación se auto-

limita en sus facultades constitucionales para la designación de estos magistrados y abre una rueda de consultas a la sociedad civil, antes de elevar un pliego de designación a la Cámara de Senadores. Otorgando de esa manera, transparencia al proceso y procurando así, abrirlo a la participación de la sociedad civil. Ciudadanos, organizaciones no gubernamentales, colegios y asociaciones profesionales, entidades académicas y de derechos humanos pueden expresar ante este Ministerio, que es el organismo de aplicación de la norma, las observaciones, apoyos e impugnaciones fundadas que consideren oportunas sobre la idoneidad de la persona propuesta por el PEN para ocupar la vacante existente en el máximo tribunal de la Nación Mediante esta norma se extiende la auto-limitación de facultades del Poder Ejecutivo Nacional, en cuanto al nombramiento de jueces, fiscales y defensores de todos los tribunales nacionales inferiores con el mismo objetivo que en el caso de la integración de la Corte Suprema.

En CULTURA

PROGRAMA CULTURAL DE DESARROLLO COMUNITARIO:

A través de este programa son otorgados subsidios para el financiamiento de proyectos culturales de organizaciones sociales sin fines de lucro, que trabajan para transformar la realidad social a través de la cultura.

EXHIBICIONES ITINERANTES:

Para compartir el patrimonio cultural de los museos nacionales con todos los ciudadanos, este programa trasladó la muestra de grabados "Goya, la condición humana" y la de pinturas y fotografías "El retrato, marco de identidad" a distintas ciudades del país.10 provincias visitadas: Santa Fe, La Rioja, Corrientes, Buenos Aires, San Juan, Mendoza, La Pampa, Catamarca, Misiones y San Luis. LA

ESCENA NACIONAL, DE FIESTA:

En la última edición del máximo encuentro teatral de la Argentina, que cada año organiza el Instituto Nacional del Teatro en distintas ciudades del país, fueron presentados 40 espectáculos para grandes y chicos de diferentes provincias.

CENTRO CULTURAL DEL BICENTENARIO:

La Secretaría de Cultura de la Nación, junto con el Ministerio de Planificación Federal y la Sociedad Central de arquitectos, organizó un concurso para que el Palacio de Correos y Telecomunicaciones se transforme en el Centro Cultural del Bicentenario. Al certamen, se presentaron 40 postulantes. El primer premio de 234 mil pesos recayó, por decisión unánime del jurado, en el equipo que integran los arquitectos argentinos Enrique Bares, Federico Bares, Nicolás Bares, Daniel Becker, Claudio Ferrari y Florencia Schnack.

CAMPAÑA DE LUCHA CONTRA EL TRÁFICO ILÍCITO DE BIENES CULTURALES:

cuyos objetivos principales son proteger el patrimonio cultural del país y crear conciencia sobre su importancia. La iniciativa es desarrollada en museos, aeropuertos, pasos de frontera y puertos de entrada y salida al país. En estos sitios, son distribuidas piezas gráficas para poner al alcance de los ciudadanos información confiable e idónea sobre el tema y proyectados periódicamente videos didácticos que señalan cuáles son los bienes artísticos, arqueológicos y paleontológicos que es necesario conocer y preservar.

En DEPORTES

CREACIÓN DE 50 CENTROS DE DESARROLLO DEPORTIVO REGIONALES:
Para favorecer el crecimiento de disciplinas cuyo aporte estratégico resulta vital para mejorar la ubicación argentina en medalleros internacionales.
CREACIÓN DE LA ESCUELA DE ENSEÑANZA MEDIA DEL CENARD:
Para ayudar a nuestros atletas, tanto en el aspecto deportivo como en su formación integral

PARTICIPACIÓN EN LA ORGANIZACIÓN Y DESARROLLO DE 91 EVENTOS Y TORNEOS entre los cuales se destacan:

VIIIº EDICIÓN DE LOS "JUEGOS DEPORTIVOS SUDAMERICANOS ODESUR - BUENOS AIRES 2006"
Desarrollo, organización y ejecución, con sede en la Ciudad Autónoma de Buenos Aires y subsede en la ciudad de Mar del Plata. Países participantes:

Argentina, Brasil, Chile, Uruguay, Perú, Ecuador, Colombia, Paraguay, Bolivia, Guyana, Panamá, Aruba, Antillas Holandesa, Surinam. Argentina logró el primer puesto en el medallero con 107 medallas de oro, 96 de plata, y 93 de bronce; seguido por Venezuela, Colombia y Brasil. El Servicio médico del CeNARD brindó atención durante los Juegos a todas las delegaciones participantes. Por primera vez en la historia, dichos Juegos se transmitieron de manera gratuita a 26 países.

"XII JUEGOS DEPORTIVOS SUDAMERICANOS ESCOLARES", llevados a cabo en la Ciudad de Medellín, Colombia, del 1 al 10 de diciembre de 2006. La delegación argentina estuvo conformada por 150 deportistas y profesores, compitiendo en 8 disciplinas deportivas.

JUEGOS NACIONALES EVITA;
Participación récord de jóvenes de todo el país, quienes compitieron en las etapas regionales y la final nacional que se ha llevado a cabo en el Complejo Turístico de Embalse, Río Tercero, provincia de Córdoba.

PROGRAMA PROMOTORES DEPORTIVOS:
42.000 chicos de entre 8 y 12 años participaron en actividades realizadas en 450 barrios de ciudades de todo el país, a cargo de jóvenes -también de bajos recursos- de entre 18 y 22 años. Este programa fue elegido por las Naciones Unidas paRa ser implementado en la República de Haití.

MUNDIAL DE FÚTBOL SALA PARA CIEGOS CAPACITACIÓN EN DEPORTE DE 1.180 INTERNOS CARCELARIOS, INSTITUTOS DE MENORES Y COMUNIDADES TERAPÉUTICAS PARA LA REHABILITACIÓN DE DROGA DEPENDENCIAS:

A través del dictado de 60 cursos de: técnicos de fútbol infantil, árbitros de fútbol, instructoras de gimnasia aeróbica y yoga, instructores de voleibol y primeros auxilios.

OTORGAMIENTO DE APOYO ECONÓMICO A 1800 ENTIDADES DEPORTIVAS:
Para competencias y para adquisición de material deportivo permitiendo la participación de 2500 atletas, convencionales, adaptados en competencias de alto rendimiento nacionales e internacionales.

"PLAN NACIONAL BECAS DEPORTIVAS"
Cuenta como beneficiarios a 569 atletas convencionales y adaptados, habiéndose incrementado el monto de las becas deportivas un 30%.

APERTURA DE 12 ESCUELAS DEPORTIVAS EN EL MARCO DEL "PROGRAMA DE ESCUELAS DE DESARROLLO TÉCNICO EN EL CENARD Y PERFECCIONAMIENTO ".

Participación en la organización y desarrollo de 91 eventos y torneos entre los cuales se destacan: VII Juegos Deportivos Sudamericanos (ODESUR),

Mundial de Fútbol Sala para Ciegos, Sudamericano de Handball Femenino, Campeonato Sudamericano Juvenil de Karate, XV Panamericano de Taekuondo, Torneo de la Juventud por convenio C.O.N.I. (Comité Olímpico Nacional Italiano), Grand Prix de Atletismo, copa Austral de Natación.

En INGRESOS PÚBLICOS

PLAN ANTIEVASIÓN:
Implementación de iniciativas en el ámbito impositivo focalizadas en la lucha contra la evasión.

SIMPLIFICACIÓN REGISTRAL:
Fue desarrollado un procedimiento único de registración de altas, bajas y rectificaciones por novedades de los empleados en relación de dependencia que interrelaciona en tiempo real a todos los organismos de la seguridad social.

AMPLIACIÓN DE LA CANTIDAD DE LOS CONTRIBUYENTES CATEGORIZADOS y las funcionalidades del Sistema de Perfil de Riesgo, incluyéndose operadores de comercio exterior y habilitando un procedimiento para recurrir la calificación asignada.

PROGRAMA "MIS APORTES":
Se desarrolló un sistema de consultas vía Web que permite a cada trabajador verificar la declaración y efectivo pago de los aportes y contribuciones a la seguridad social por parte del empleador. El sistema cuenta con más de 5.000 millones de

registros, que pueden ser consultados por 5 millones de trabajadores y 840.000 empleadores.

DECLARACIONES JURADAS POR INTERNET:
Fue habilitada para todo tipo de contribuyentes la presentación de declaraciones juradas y la realización de pagos por Internet, tanto de impuestos como de recursos de la seguridad social.

REEMPADRONAMIENTO   DE MONOTRITUTISTAS: Se implementó un sistema simple y ágil que posibilitó en el término de 20 días la inscripción de, aproximadamente, 1.100.000 contribuyentes.

RÉGIMEN ESPECIAL DE REGULARIZACIÓN PARA TRABAJADORES AUTÓNOMOS (RAFA):
Se implementó este instrumento destinado a los contribuyentes con dificultades económico-financieras. A través del mismo se recibieron más de 73.000 presentaciones, correspondientes en el 99.8% de los casos a PyMES. Se obtuvo la consolidación de $ 1.448 millones de deuda.

SISTEMA DE INFORMACIÓN PARA AUTÓNOMOS Y MONOTRIBUTISTAS (SICAM):
Se implementó un procedimiento con acceso vía WEB AFIP de consulta, imputación, acreditación y liquidación de pagos de contribuyentes autónomos y monotributistas comprendidos en el Sistema Integrado de Jubilaciones y Pensiones (SIJP). A través de este sistema se obtuvieron más de dos millones de liquidaciones.

En DERECHOS HUMANOS

ADHESIÓN A LA CONVENCIÓN SOBRE IMPRESCRIPTIBILIDAD DE CRÍMENES DE GUERRA Y LESA HUMANIDAD, LO QUE PERMITIÓ LA DEROGACIÓN DE LAS LEYES DE OBEDIENCIA DEBIDA Y PUNTO FINAL.
Entrega de información a la Justicia sobre los presuntos responsables de los crímenes del terrorismo de Estado.

CREACIÓN DEL BANCO NACIONAL DE DATOS GENÉTICOS (BNDG):
250 jóvenes presentados espontáneamente han dejado su muestra de sangre en el Banco Nacional de Datos Genéticos (BNDG) para ser archivada y entrecruzada posteriormente con las muestras de los familiares de embarazadas y niños desaparecidos durante la última dictadura. La CONADI cuenta con 92 legajos de nuevos casos de embarazadas desaparecidas durante la dictadura, de los cuales 240 personas correspondientes a los distintos grupos familiares han sido analizadas en el Banco Nacional de Datos genéticos .

RELEVAMIENTO DE CENTROS CLANDESTINOS DE DETENCIÓN (CCD):
Se llevaron adelante proyectos de investigación en todo el país, tendientes a completar los listados de las víctimas en CCD y los presuntos responsables. Fueron actualizadas las bases de datos correspondientes tanto a los centros como a las víctimas. Testimonios: Fueron tomados 200 testimonios y recepcinadas 250 denuncias sobre

desapariciones de personas y detenidos liberados. Y fueron relevados testimonios manuscritos. Fueron actualizados 20.000 registros del repertorio del Archivo CONADEP para la nueva publicación del "Anexo" del Nunca Más.

MEMORIA, VERDAD Y JUSTICIA:

Instalación de espacios por la memoria en Campo de Mayo en cuyas instalaciones funcionó un centro clandestino de detención y colocación de placas recordatorias en establecimientos militares donde hubieran funcionado centros clandestinos de detención en el período 1976-1983"

ESPACIO PARA LA MEMORIA Y PARA LA PROMOCIÓN Y DEFENSA DE LOS DERECHOS HUMANOS":
En el predio donde funcionara la Escuela de Mecánica de la Armada (ESMA) fue concretada una primera etapa de desocupación por parte de la Armada, un tercio del cual - incluyendo siete edificios, entre ellos el Casino de Oficiales- ya está bajo la administración de la Comisión Bipartita integrada por la Secretaría de Derechos Humanos de la Nación y la Subsecretaría de Derechos Humanos del Gobierno de la Ciudad Autónoma de Buenos Aires.

CESIÓN POR PARTE DEL ESTADO NACIONAL A LA CIUDAD AUTÓNOMA DE BUENOS AIRES DEL PREDIO DE LA POLICÍA FEDERAL ARGENTINA DONDE FUNCIONÓ EL CENTRO CLANDESTINO DE DETENCIÓN "EL OLIMPO".LEVANTAMIENTO

IRRESTRICTO DE LA RESERVA EN RELACIÓN A LA INFORMACIÓN OBRANTE EN LAS FUERZAS O EL MINISTERIO VINCULADA A TERRORISMO DE ESTADO, y apertura de archivos vinculados a violaciones a los derechos humanos. Levantamiento de la reserva o el secreto respecto de los legajos de personal militar, salvo casos excepcionales (conforme lo previsto en el Art. 2º de la ley 25.326); entrega de información a la justicia sobre los presuntos responsables de los crímenes del terrorismo de Estado.

En INVERSIÓN PÚBLICA SERVICIOS

PUESTA EN MARCHA DEL PROGRAMA FEDERAL DE REACTIVACION DE OBRASFONAVI, GENERANDO LA CONSTRUCCION DE 40.433 NUEVAS VIVIENDAS.

REACTIVACIÓN DEL PLAN FEDERAL DE CONTROL DE INUNDACIONES.

REALIZACIÓN DE LOS PROYECTOS DE INTEGRACION REGIONAL CON CHILE, BOLIVIA, PARAGUAY Y URUGUAY, CON INVERSIONES POR $750 MILLONES DE PESOS.

APLICACIÓN DE UN MODELO DE EQUILIBRIO TARIFARIO:
Que no afecta a consumidores de servicios (agua, luz, gas, electricidad y comunicaciones) con aumentos.

CREACIÓN DE LA EMPRESA AYSA:

Con el objeto de prestar el servicio de provisión de aguas, a partir de la rescisión del contrato con Aguas Argentinas a causa de reiterados incumplimientos.

YACIRETÁ:

Concreción acuerdos entre los Gobiernos de Argentina y Paraguay referidos al Plan de Terminación Yacyretá y su financiamiento. En lo que se refiere a la ejecución del Plan se desarrollaron las acciones previstas en el mismo tanto en Argentina como en Paraguay

VIVIENDA:

21.782 soluciones habitacionales terminadas y 157.111 en ejecución, con una inversión total de 2.123.867 pesos. Fueron terminadas más de 37.000 viviendas y mejoradas más de 22.000. Continuando con esta línea, se están construyendo más de 110.000 viviendas nuevas y unos 40.000 mejoramientos. Terminación de 600 proyectos de infraestructura y equipamiento urbano. Existen otros 700 proyectos en ejecución. Avance en el grado de ejecución de los programas, logrando así llegar a más de 1.200.000 familias con techo propio desde el inicio de la gestión en Mayo de 2003.

SANEAMIENTO:

Fueron terminados 110 proyectos y se encuentran en ejecución 170 proyectos del PROPASA

(Programa de Provisión de Agua Potable, Ayuda Social y Saneamiento Básico) por un total de 14.009.480 pesos. Finalización de proyectos y se encuentran en ejecución 31 proyectos del PROSOFA por un total de 2.312.040 pesos. Conclusión de 24 proyectos y se encuentran en ejecución 65 proyectos del PROMEBA (Programa de Mejoramiento de Barrios) por un total de 151.879.789 pesos Finalización del Programa de protección contra inundaciones, el 30 de junio del presente año, mediante el cual fueron llevadas a cabo 54 obras por $358.000.000, además de 99 refugios y 5.633 viviendas, las defensas contra inundaciones en las ciudades de Gualeguay y Concepción del Uruguay, la costanera norte de la ciudad de Santa Fe y la obra de control del Río Negro en la provincia del Chaco.

ATENCIÓN DE 38.500 KM DE LA RED VIAL NACIONAL:

Con el objeto de disminuir los gastos de administración y hacer más eficiente el sistema de corredores viales, se reagruparon los 17 corredores viales en 6 de aproximadamente 8000 kilómetros. Se eliminaron las compensaciones que recibían los concesionarios viales lo que permitirá ahorrar al Estado Nacional la suma de $ 325.000.000,- al año. Se mantuvo la estructura tarifaria para el público en general y las tarifas vecinales vigentes, en la re licitación de los corredores viales

RECUPERACIÓN DE LOS FERROCARRILES:

Se recuperaron servicios ferroviarios de pasajeros olvidados hace 10 años, entre ellos: Buenos Aires - Rosario; Santo Tomé - Santa Fe; Buenos Aires - Roque Pérez - Saladillo - General Alvear; Buenos Aires - La Banda - Tucumán; Villaguay - Basavilbaso. Se rehabilitaron 2.566 kilómetros de vía. ! Se rehabilitaron los talleres ferroviarios de La Plata (Buenos Aires) y Tafí Viejo (Tucumán), estimándose generar 300 a 500 puestos de trabajos directos y 1.500 a 2.000 indirectos. El ferrocarril de cargas transportó 20 millones de toneladas. Se inició la reconversión del Ferrocarril Belgrano Cargas reactivando los ramales ferroviarios ociosos.

RELANZAMIENTO CORREDOR FERROVIARIO TRANSPATAGÓNICO.

RECUPERACIÓN DEL PERSONAL DE LAS EMPRESAS AEROCOMERCIALES LAPA Y SW Creando la empresa Líneas Aéreas Federales SA, propiciándose su privatización.

PLAN FEDERAL DE TRANSPORTE DE ENERGÍA,: Para interconectar el Mercado Eléctrico Mayorista con el Mercado Eléctrico del Sistema Patagónico, incluyendo obras en las estaciones transformadoras de Choele Choel y Puerto Madryn.

MANTENIMIENTO DE PRECIOS:
Para favorecer la reactivación del sector productivo y de servicios se acordó la estabilidad en los

precios mayoristas de gas licuado de petróleo, petróleo crudo, naftas y gas oil.

DESARROLLO DEL MAPA EÓLICO NACIONAL en el marco del Plan Estratégico Nacional de Energía Eólica.

AMPLIACIÓN DE GASODUCTOS POR 5.8 MILLONES DE M3 DIARIOS TGN y TGS e incorporación de un Transformador de 440 MVA en la Central Hidroeléctrica Río Grande

REPARACIÓN DEL 2° TRANSFORMADOR DE POTENCIA DE LA C.H. RÍO GRANDE CÓRDOBA En el mes de Mayo de 2005, entró en servicio el Transformador de Potencia de la Central Hidroeléctrica Río Grande, que permitió incrementar la capacidad de oferta del sistema eléctrico en las horas pico en 700 MW. El monto de la inversión fue del orden de 6.10 millones de pesos. Un punto destacable lo constituye el fuerte y decidido apoyo a la industria local, que logró participaciones en los suministros importantes y que conducen a generar la confianza necesaria e imprescindible para transitar un camino hacia la reindustrialización del país, en cuanto a su capacidad de producción de equipamiento eléctrico.

AMPLIACIÓN DE CAPACIDAD DE TRANSPORTE DE ALTA TENSIÓN DEL CORREDOR COMAHUE: Buenos Aires por ampliación de capacitores serie de EETT de 500 kV Choele Choel y Olavarría. Compensación capacitiva paralelo del corredor NEA-LITORAL-GBA, en las EETT;Paso de la

Patria, Resistencia, Romang, Santo Tomé y Gral Rodríguez.

COMPENSACIÓN SHUNT PARA INCREMENTAR LA CAPACIDAD DE TRANSPORTE DEL CORREDOR ET RINCÓN DE SANTA MARÍA-ET SALTO GRANDE:
En al menos 250 MW, para aumentar la capacidad de traer energía desde Yacyretá o desde Brasil.

PUESTA EN MARCHA DE LA OBRA CONSISTENTE EN EL TRANSFORMADOR AT01 DEL COMPLEJO HIDROELÉCTRICO RÍO GRANDE:
De 500/16/16 kV, 460 MVA, que restituyó la plena potencia de la mencionada Central Hidroeléctrica. Este transformador es el de mayor potencia, en configuración trifásica, instalado en el país y su fabricación en el país constituye un hito relevante para la industria nacional. El programa establecido a través de la Resolución SE N° 1/2003 y concordantes demostró ser un medio eficaz y eficiente para atender necesidades específicas del sistema de transmisión de energía eléctrica que no tenían una solución adecuada desde larga data.

AMPLIACIONES CORRESPONDIENTES A LOS SISTEMAS DE TRANSPORTES TRANSPORTISTA DE GAS DEL NORTE (TGN) Y TRANSPORTISTA DE GAS DEL SUR (TGS).
ATUCHA II:
Continuación de los trabajos conjuntos con la empresa Nucleoeléctrica Argentina S. A.(NASA), en la ingeniería, el montaje y la puesta en marcha para

el relanzamiento y terminación de la obra de la Central Nuclear Atucha II; y en el programa de extensión de vida de la Central Nuclear Embalse.

REACTIVACIÓN DE LA HISTÓRICA MINA DE RÍO TURBIO dónde trabajan más de 2.500 personas.

CONSTITUCIÓN DEL SISTEMA SATELITAL ARGENTINO Y CREACIÓN DE LA EMPRESA ARGENTINA DE SOLUCIONES SATELITALES S.A. (AR-SAT):
Su objeto social comprende realizar el diseño, desarrollo, construcción en nuestro país, lanzamiento y puesta en servicio, además de la explotación y comercialización de los servicios, de un sistema satelital geoestacionario de comunicaciones, lo que representa una inversión de U$S 226,5 millones.

CREACIÓN DE LA EMPRESA CORREO OFICIAL DE LA REPÚBLICA ARGENTINA S.A. (CORASA):
Con el objeto de prestar el Servicio Oficial de Correo, a partir de la rescisión del contrato con el anterior operador.

CREACIÓN DE LA EMPRESA AR SAT - EMPRESA ARGENTINA DE SOLUCIONES SATELITALES S.A:
Con la participación del estado e inversores privados, para la fabricación de dos satélites de comunicaciones que iluminen el continente americano. Este proyecto representa una inversión de U$S 226,5 millones.

CONTROL DEL ESPECTRO RADIOELÉCTRICO NACIONA:
Funciona en óptimas condiciones de operatividad a partir de la rescisión del contrato con el operador a causa de reiterados incumplimientos.

RELACIONES EXTERIORES

IMPULSO A LA APROBACIÓN DEL PROYECTO DE CONVENCIÓN INTERNACIONAL PARA LA PROTECCIÓN DE TODAS LAS PERSONAS CONTRA LAS DESAPARICIONES FORZADAS EN NACIONES UNIDAS., CON EL "PROGRAMA INTERAMERICANO PARA LA PREVENCIÓN Y REPARACIÓN DE CASOS DE SUSTRACCIÓN INTERNACIONAL DE MENORES POR UNO DE SUS PADRES":
Por iniciativa de la Argentina, fue promovida la asignación de recursos apropiados para el Instituto Interamericano del Niño, la Niña y Adolescentes, con el fin de posibilitar financiamiento para su puesta en aplicación.

PARTICIPACIÓN, CON 563 EFECTIVOS EN LA MISIÓN DE ESTABILIZACIÓN DE LAS NACIONES UNIDAS EN HAITÍ Y CON 302 EFECTIVOS EN LA FUERZA DE LAS NACIONES UNIDAS PARA EL MANTENIMIENTO DE LA PAZ EN CHIPRE:
La Comandancia de la Fuerza de las Naciones Unidas para el Mantenimiento de la Paz en Chipre fue asignada a un general argentino. FIRMA DEL

PROTOCOLO DE ADHESIÓN DE LA REPÚBLICA BOLIVARIANA DE VENEZUELA AL MERCOSUR:

El 4 de julio de 2006 en Caracas, durante la Presidencia Pro Tempore argentina.

MECANISMO DE ADAPTACIÓN COMPETITIVA DEL MERCOSUR:

Es decir, la posibilidad de establecer medidas arancelarias al interior del MERCOSUR frente a daños sectoriales. Este mecanismo es de especial relevancia como señal de largo plazo para nuestros inversores y consolida la existencia del MERCOSUR. Se ha avanzado, asimismo, en negociaciones que implican limitaciones sectoriales a las importaciones de Brasil en aquellos sectores más vulnerables o sensibles en esta etapa a los subsidios de nuestro socio comercial. La negociación del régimen automotriz con ese país es también una señal clara para la radicación de inversiones en el país y el crecimiento de las exportaciones industriales de Argentina, como ha quedado claro en la evolución de este sector en el 2006. Esta nueva estrategia comercial se plasma en todas las negociaciones que encara nuestro país en el exterior.

NEGOCIACIONES PARA LA AMPLIACIÓN Y PROFUNDIZACIÓN DEL ACUERDO BILATERAL CON MÉXICO:

Logrando acceso preferencial a dicho mercado para 2.700 productos, que representan el 30 por ciento del total de nuestras exportaciones a ese país. El éxito de esta negociación ha sido reconocido por todos los sectores industriales. A este resultado se suma el de la negociación, culminada en abril de 2006, también con México, para el sector automotriz, que estableció el libre comercio para los vehículos y utilitarios livianos, comerciados entre ambos países, donde la Argentina tiene fuerte saldo superavitario.

INAUGURACIÓN DEL PARLAMENTO MERCOSUR:
En diciembre en la ciudad de Brasilia, creado por el Protocolo Constitutivo del Parlamento MERCOSUR, que entró en vigor al haber recibido ya aprobación legislativa en los cuatro Estados Partes.

FIRMA DEL ACUERDO DE COMPLEMENTACIÓN ECONÓMICA ENTRE EL MERCOSUR Y CUBA:
Durante la Presidencia Pro Tempore Argentina, en ocasión de la XXX Cumbre del MERCOSUR y Estados Asociados celebrada en la ciudad de Córdoba. En el Acuerdo se establece un programa de liberalización comercial basado en la multi lateralización de las preferencias arancelarias otorgadas en los acuerdos bilaterales que los países del bloque mantenían vigentes con Cuba y aspectos normativos referidos al acceso a los mercados, destinados a otorgar seguridad jurídica a los operadores comerciales.

CONVENIO MARCO ENTRE LA REPÚBLICA ARGENTINA Y LA REPÚBLICA DE BOLIVIA PARA VENTA DE GAS NATURAL.
En ese marco, firma del Contrato de Compra Venta de Gas Natural entre ENARSA y Yacimientos Petrolíferos Fiscales Bolivianos, en la ciudad de Santa Cruz de la Sierra, por el cual se fijan las condiciones del abastecimiento de gas natural

desde Bolivia a la Argentina por un plazo de veinte años.

ANUNCIO, POR PARTE DE LOS PRESIDENTES DE ARGENTINA Y CHILE, DEL LLAMADO A LICITACIÓN INTERNACIONAL SIMULTÁNEA PARA LA REHABILITACIÓN DEL FERROCARRIL TRASANDINO CENTRAL. FIRMA DEL ACUERDO PARA EL ESTABLECIMIENTO DE UNA ALIANZA ESTRATÉGICA ARGENTINA-VENEZUELA:
Que comprende acciones relativas a la creación del Banco del Sur; el diseño y aprobación de instrumentos financieros conjuntos; proyectos de complementación industrial binacional; la formación de una empresa mixta entre PDVSA (Petróleos de Venezuela SA) y ENARSA (Energía Argentina SA), entre otras iniciativas de mutuo interés.

SOBRE LA CUESTIÓN DE LAS ISLAS MALVINAS: Cuba intervino en favor de la posición argentina haciendo un llamado a la reanudación de las negociaciones. En la 61° Asamblea General de las Naciones Unidas, la Argentina apoyó la resolución "Necesidad de poner fin al bloqueo económico, comercial y financiero impuesto por los Estados Unidos de América contra Cuba", aprobada por 183 votos a favor, 4 en contra y una abstención.

En GESTIóN SOCIAL

IMPLEMENTACIÓN DE LOS PLANES NACIONALES DE DESARROLLO LOCAL Y

ECONOMÍA SOCIAL "MANOS A LA OBRA", DE SEGURIDAD ALIMENTARIA "EL HAMBRE MÁS URGENTE" Y "FAMILIAS":

Logrando el abandono progresivo de la lógica programática instalada en la política social (existían 56 programas sociales con su propia administración) y la consiguiente integración de los mismos en distintas líneas de acción que, de acuerdo con la especificidad propia de cada uno, conforman un conjunto de herramientas, mecanismos y prestaciones dirigidos a mejorar la calidad de vida de la familia.

UNIVERSALIZACIÓN DE LA PENSIÓN NO CONTRIBUTIVA PARA TODOS LOS ADULTOS MAYORES DE 70 AÑOS:

Que no reciben ningún tipo de beneficio de la previsión social ni otro tipo de ingreso y que habiten en hogares en situación de pobreza.

ABORDAJE DE LOS TERRITORIOS MÁS VULNERABLES A TRAVÉS DE LOS CENTROS INTEGRADORES COMUNITARIOS (CIC).

Estos buscan integrar los servicios y prestaciones sociales, de salud y el desarrollo de los planes sociales nacionales. Los CIC son motores para el desarrollo local, educadores populares y promueven y asisten en salud y problemáticas sociales. En este momento ya se han iniciado las obras para su localización en 280 comunidades. Incluyen la conformación de 233 cooperativas de trabajo encargadas de construirlos. De ellas, 78 fueron constituidas en el marco del Programa Herramientas x Trabajo, involucrando activamente a los beneficiarios Jefas y Jefes de Hogar en la creación de fuentes de trabajo.

TREN DE DESARROLLO SOCIAL Y SANITARIO.
Se relevaron las situaciones sociales, económicas, sanitarias y culturales de 43 localidades y 80 parajes y fueron atendidas 61.228 personas. Se efectuó un diagnóstico de los problemas y de las potencialidades locales, con el fin de orientarlas en proyectos productivos, en forma coordinada y articulada con las autoridades y organizaciones locales.

PROGRAMA MI PUEBLO.
A través de un trabajo coordinado con el Ministerio del Interior se lleva cabo este programa con el fin de incidir sobre el reproceso que han sufrido las pequeñas comunidades de nuestro país, implementando políticas públicas que reviertan estas tendencias a favor del desarrollo regional. 416 familias y 2.015 personas de las localidades más pobres del país recibieron a través del Programa Mi Pueblo, financiamiento de proyectos productivos, equipamiento comunitario y mejoramiento del hábitat.

PLAN DE EMERGENCIA HABITACIONAL Y AGUA MÁS TRABAJO.

Se constituyeron 1.304 nuevas cooperativas para estos programas. Los Centros Integradores Comunita Comunitarios

PROMOCIÓN DEL DESARROLLO LOCAL Y LA ECONOMÍA SOCIAL.
A través del plan nacional de desarrollo local y economía social "manos a la obra" que constituye un sistema de apoyo a las iniciativas de desarrollo socioeconómico local destinado prioritariamente a personas de bajos recursos y desocupadas, con el objetivo de promover la inclusión social a través de la generación de empleo y la mejora de los ingresos de las familias.• 410.000 personas que desarrollaron 31.500 emprendimientos• 138.609 jóvenes concretaron 162 micro emprendimientos productivos• 1.700 cooperativas de la Economía social que benefician a 28.000 personas• 27.300 personas capacitadas• 2.420 organizaciones sociales • Apoyo a 155 organizaciones dedicadas a las microfinanzas • 35.117 personas participaron en programas de capacitación cooperativa

EMPRENDIMIENTOS   PRODUCTIVOS.
Comprende el fortalecimiento y el desarrollo de emprendimientos unipersonales, familiares, autoconsumo, asociativos comerciales y otras instancias asociativas para la producción y procesamiento de productos alimentarios, la elaboración de manufacturas y el desarrollo de servicios y actividades comerciales.

HERRAMIENTAS POR TRABAJO.

Tiene como objetivo promover la inserción laboral y la mejora de los ingresos de los beneficiarios del Plan Jefes y Jefas de Hogar Desocupados, a través del financiamiento de proyectos productivos.

FONDOS SOLIDARIOS PARA EL DESARROLLO: Posibilitando el acceso al crédito a los sectores vulnerables de la sociedad, estos fondos procuran el desarrollo local a través de la asistencia financiera a emprendimientos productivos, impulsando la participación de todos los actores involucrados en el Desarrollo Local, produciendo además un efecto multiplicador de los recursos con alto impacto en la comunidad. Fueron asistidas integralmente a 705 mutuales y 1.989 cooperativas.

FONDO DE CAPITAL SOCIAL (FONCAP).
Está orientado a eliminar las barreras de acceso al crédito, generando una renta que será aplicada a favorecer la creación o el fortalecimiento de instituciones que provean de financiamiento grupos de microempresas y pequeños productores de todo el país mediante el otorgamiento de recursos.

PLAN MANOS A LA OBRA:
Cuenta como prestaciones créditos y subsidios. Desde su lanzamiento (2003) fueron otorgados 9.255 subsidios y 24.606 créditos destinados a la adquisición de capital de trabajo, representado al 27,33 y al 72,67%, respectivamente. En el marco del Plan Nacional de Desarrollo Local y Economía Social "Manos a la Obra", se inscribe el Foro Federal de Investigadores y Docente ("La Universidad y la economía social en el desarrollo

local"), que impulsa la Secretaría de Políticas Sociales y Desarrollo Humano del MDS desde el año 2003

PLAN NACIONAL DE SEGURIDAD ALIMENTARIA "EL HAMBRE MÁS URGENTE"
Todos los programas y planes que se encontraban destinados a la problemática alimentaria fueron unificados con el fin de mejorar los alcances de sus respectivos esfuerzos, tendiendo a una estrategia articulada del gobierno Nacional, los gobiernos Provinciales, los Municipios, las escuelas, los centros de salud, las organizaciones no gubernamentales y la comunidad.

PLAN NACIONAL TECHO Y TRABAJO:
Equipamiento de 379 viviendas construidas por las cooperativas de trabajo enmarcadas en el Plan .

PROMOCIÓN DEL MICROCRÉDITO. Desde el inicio de su implementación se concretó el financiamiento a 19 Organizaciones de Microcréditos por una suma de 4.000.000 de pesos.

APOYO A LOS PUEBLOS ORIGINARIOS:
suspensión, por el término de cuatro años, de la ejecución de sentencias de desalojo de casos procesales o administrativos cuyo objeto fuese el desalojo o desocupación de tierras de pueblos originarios. apoyo a proyectos para comunidades indígenas relacionados con el desarrollo productivo local, la producción de alimentos tradicionales, el aseguramiento de la posesión de las tierras, la

atención primaria de la salud, el fortalecimiento cultural y otros.

CREACIÓN DE LA SECRETARÍA NACIONAL DE NIÑEZ, ADOLESCENCIA Y FAMILIA COMO ÓRGANO RECTOR DE POLÍTICAS PÚBLICAS EN MATERIA DE INFANCIA Y ADOLESCENCIA. NUEVA LEY DE PROTECCIÓN INTEGRAL DE LOS NIÑOS, NIÑAS Y ADOLESCENTES (LEY 26.061) que consagra de manera explícita la obligatoriedad de la aplicación de la convención sobre los derechos del niño, delimita las obligaciones y responsabilidades del estado, la familia y la comunidad en la materia, creando nuevos órganos administrativos de protección de derechos a nivel nacional y provincial, definiendo modalidades de intervención estatal frente a la amenaza o vulneración de los derechos de niños, niñas y adolescentes.

En CIENCIA Y TECNOLOGÍA

CIENCIA Y TECONOLOGÍA E INCREMENTO DEL PRESUPUESTO PARA CIENCIA Y TECNOLOGÍA: Desde los 100,4 millones de pesos con que contaba en el año 2003 a los 341,9 millones de pesos otorgados para el año 2007, lo que demuestra la firme voluntad del Gobierno de apoyarse en la actividad de CyT como factor preponderante de desarrollo, permitirá fortalecer y expandir su calidad

JERARQUIZACIÓN DE LAS ACTIVIDADES, TANTO EN EL PERSONAL DE CARRERA DE

INVESTIGACIÓN COMO EN LOS BECARIOS, CON AUMENTOS EN LAS REMUNERACIONES EN TODAS LAS CATEGORÍAS DEL CONICET:

Que alcanzan su máximo en las becas doctorales con un 61 %, con el propósito de retener a los investigadores más jóvenes dentro del sistema y así asegurar el necesario recambio generacional. Incremento de los recursos humanos dedicados a la actividad de Ciencia, Tecnología y perfeccionamiento de los mismos, como la aprobación de ingreso al CONICET de 1.340 nuevos becarios doctorales y posdoctorales y 550 investigadores asistentes. Este ingreso representa un aumento del 62% de los becarios de formación doctoral, un incremento del 84% en el número de becarios posdoctorales y un aumento del 121% en la cantidad de investigadores asistentes (el cargo inicial de la carrera de investigador). Perfeccionamiento de la gestión de los recursos humanos dedicados a la actividad científica y tecnológica. Con ese fin, fue constituida una Comisión para analizar la composición actual de cada área del conocimiento y su evolución futura más conveniente.

REPATRACIÓN DE MÁS DE 200 CIENTÍFICOS A TRAVÉS DEL PROGRAMA "R@ÍCES" (Red de Argentinos Investigadores y Científicos en el Exterior)

Que tiene el propósito de fortalecer las capacidades científicas y tecnológicas del país a través del desarrollo de políticas de vinculación con investigadores argentinos residentes en el exterior, así como de acciones destinadas a promover la permanencia de investigadores en el país y el retorno de aquellos interesados en desarrollar sus actividades en la Argentina.

En GESTION PÚBLICA

REGULARIZACIÓN DE LA SITUACIÓN DE PLANTA DE UN CONTINGENTE MAYORITARIO DE EMPLEADOS DENTRO DEL SECTOR PÚBLICO y negociaciones paritarias del nuevo Convenio Colectivo General para la Administración Pública Nacional y Convenios Colectivos Sectoriales. Este proceso posibilitó la recomposición salarial de la planta de trabajadores del estado nacional.

IMPLEMENTACIÓN DE HERRAMIENTAS DE PARTICIPACIÓN (Audiencias Públicas, Gestión de Intereses, Elaboración Participativa de Normas, Acceso a la Información Pública, Reuniones Abiertas de los Entes Reguladores de los Servicios Públicos, Auditoría Ciudadana, Gratuidad del Boletín Oficial).

FIRMA DIGITAL: Aprobación de la normativa para la puesta en marcha de esta herramienta tecnológica que permite garantizar la autoría e integridad de los documentos digitales, posibilitando que éstos gocen de una característica que únicamente era propia de los documentos en papel. Contribución en la elaboración del proyecto de Decreto modificatorio de la Ley de Firma Digital (Decreto 724/06).

PORTAL DEL ESTADO ARGENTINO
(http://www.argentina.gov.ar/). (Click + Control)

PORTAL DE CONTRATACIONES DEL ESTADO NACIONAL, "ARGENTINA COMPRA"
(http://www.argentinacompra.gov.ar/   (Click + Control)

Que en su contenido presenta 110.000 bienes (con sus costos respectivos), 21.846 convocatorias de contrataciones y registra y presenta todos los datos de 14.759 proveedores.

DESARROLLO DE LA GUÍA DE TRÁMITES.
Ingreso de 818 trámites, con la posibilidad de realizar 62 de ellos "online". Inclusión de 51 organismos en el sistema.

En COMERCIO EXTERIOR

APERTURA DE MÁS DE 85 MERCADOS PARA LA CARNE Y MÁS DE 50 MERCADOS PARA LÁCTEOS. APERTURA DEL MERCADO DE CHINA ESTRATEGIA MARCA PAÍS:
Con una explícita vocación de convocatoria a todos los niveles de la Administración Pública y de todos los sectores privados interesados en promover productos y servicios en el extranjero; la estrategia Marca Argentina está diseñada por consenso y sostenida coherentemente en el tiempo. Así, servirá de potenciadora de productos y de expresiones artísticas y culturales, del posicionamiento como

destino turístico y de inversiones, o de políticas migratorias activas, entre otras.

A TRAVÉS DE LA FUNDACIÓN EXPORT.AR,

REALIZACIÓN DE ACTIVIDADES EN ESTRECHA RELACIÓN CON ALREDEDOR DE 4.500 EMPRESAS Y ENTIDADES ARGENTINAS QUE PARTICIPARON EN MÚLTIPLES PROGRAMAS DE PROMOCIÓN
Desarrollo de 20 Programas de Promoción Sectorial, en cuyo marco se realizan actividades conjuntas con las empresas más representativas de un determinado sector, elaborando un Plan de Marketing Estratégico específico. Export.Ar respondió casi 30 mil consultas a través de sus áreas de asistencia técnica e información comercial. Merced a los diferentes programas y servicios de Export.Ar se ha logrado la internacionalización de 2.195 empresas. Al respecto, las empresas participantes han manifestado haber concretado operaciones comerciales por 562 millones de dólares estadounidenses. Export.ar acompañó a empresas argentinas en 49 ferias internacionales, 72 agendas de negocios, 20 misiones comerciales al exterior y 17 rondas de negocios internacionales. Se elaboraron 367 documentos e investigaciones y se concretaron 5 semanas argentinas de promoción comercial.

En EDUCACIÓN

EDUCACIÓN INCREMENTO DE LA INVERSIÓN EDUCATIVA:

En 2005, el presupuesto se duplicó en relación a 2003 y en 2006 se triplicó. Esto implicó un crecimiento que fue de los 2.300 millones iniciales a 6.700 millones de pesos en 2006. El presupuesto educativo total para el año 2007 será de 9000 millones de pesos, configurando la inversión educativa más alta de la historia.

LEY DE EDUCACIÓN NACIONAL:

Se sancionó la nueva ley de Educación Nacional, N° 26.206, impulsada por el Gobierno Nacional con los aportes de 750 mil docentes y más de 2 millones de alumnos y padres que debatieron en las 40.000 escuelas de todo el país, 700 organizaciones sociales que presentaron sus propuestas, más de 110.000 encuestas fueron enviadas por correo a través de internet.

LEY DE FINANCIAMIENTO EDUCATIVO LA LEY N° 26.075:

Se sancionó la Ley de Financiamiento Educativo que garantiza los instrumentos para realizar un aumento progresivo de la inversión total en educación, ciencia y tecnología hasta alcanzar el 6% del Producto Bruto Interno en el año 2010.

EL PROGRAMA NACIONAL DE COMPENSACIÓN SALARIAL DOCENTE:

Creado en cumplimiento de la Ley de Financiamiento Educativo, asistió a las provincias de Buenos Aires, Corrientes, Chaco, Entre Ríos, Formosa, Jujuy, La Rioja, Misiones, San Juan,

Salta, Santiago del Estero y Tucumán. Desde 2003, el piso mínimo salarial aumentó en un 48 %. Comenzamos nuestra gestión garantizando un piso mínimo salarial de 700 pesos. En el 2006, se incrementó ese salario mínimo un 20%, llevándolo a 840 pesos. En el 2007, el piso alcanzó los 1040 pesos.

FONDO NACIONAL DE INCENTIVO DOCENTE: Desde 2003, se puso al día e incremento el beneficio. Los fondos destinados al Incentivo Docente crecieron de 300 millones en 2003 a 1.300 millones de pesos en 2006. En 2007, el presupuesto para el incentivo se incrementó en 345 millones de pesos alcanzando un total de 1645 millones.

UN PROGRAMA NACIONAL DE INCLUSIÓN EDUCATIVA:
100.000 niños y jóvenes volvieron a la escuela a través de las becas "Todos a Estudiar" dirigida a jóvenes de entre 11 y 18 años y "Volver a la Escuela": dirigida a niños y jóvenes entre 6 y 14 años de todo el país.

DISTRIBUCIÓN DE LIBROS Y CUENTOS EN TODO EL PAÍS:
35.000.000 de libros fueron distribuidos en las escuelas para los alumnos de la Educación Básica y media con una inversión total de 65 millones de pesos y más de 20.000.000 de ejemplares se repartieron en lugares no convencionales: canchas de fútbol, hospitales, centros turísticos, peluquerías, taxis, etc.

PROGRAMA NACIONAL DE ALFABETIZACIÓN: Desde 2004, se pusieron en marcha 23.000 centros de alfabetización donde 170.000 personas aprendieron a leer y escribir con el apoyo de 14.000 alfabetizadores.

CICLO LECTIVO ANUAL MÍNIMO DE 180 DÍAS: Se impulsó la sanción de la Ley N° 25.864 que fija un ciclo lectivo anual mínimo de 180 días efectivos de clase para todos los establecimientos educativos del país en los que se imparta Educación Inicial, Educación General Básica y Educación Polimodal o sus respectivos equivalentes.

CREACIÓN DEL INSTITUTO NACIONAL DE FORMACIÓN DOCENTE: Creado a través de la Ley de Educación Nacional El Instituto Nacional de Formación Docente tiene la función primaria de planificar, desarrollar e impulsar las políticas para el sistema de educación superior de formación docente inicial y continua. 250.000 docentes por año recibieron capacitación, con aportes nacionales y a través de diferentes dispositivos de formación .

IMPLEMENTACIÓN DE LA LEY DE EDUCACIÓN TÉCNICO PROFESIONAL Recuperación de una de las mejores tradiciones de la educación Argentina: la calidad del trabajo de sus técnicos. Los fondos para el área crecieron de 15 a 290 millones en los últimos cuatro años. PROGRAMA INTEGRAL PARA LA IGUALDAD EDUCATIVA (PIIE):

2.300 escuelas urbanas del nivel primario con alumnos en situación de pobreza y exclusión recibieron asistencia especial. Se destinaron 33 millones de pesos al respaldo de iniciativas pedagógicas y al fortalecimiento de espacios de formación e intercambio docente, 6 millones más a la compra de materiales didácticos; se instalaron 2.300 gabinetes informáticos, se entregaron 3.200.000 libros de texto para los alumnos y todas las escuelas se equiparon con bibliotecas compuestas por 500 títulos.

INFRAESTRUCTURA Y EQUIPAMIENTO:
A través del Programa Nacional 700 escuelas, se llevan 754 edificios construidos, en ejecución, en proceso de licitación, evaluación o pre adjudicados. Entre ellos, 308 escuelas están terminadas, 394 en ejecución, 21 contratadas y 31 escuelas en proceso licitatorio. Equipamiento informático: Provisión de 100.000 computadoras al sistema educativo. Se brindó equipamiento completo (8 computadoras, 3 impresoras, 1 servidor, 1 concentrador de red y 3 estabilizadores) para la conformación de aulas de informática en más de 10.000 establecimientos educativos.

MEJORA DE LA POLÍTICA UNIVERSITARIA:
El presupuesto universitario aumentó un 172% a lo largo del período y pasó de 1.624 millones a 4.412 millones de pesos en 2007.Los salarios promedio de los docentes universitarios aumentaron un 174% en el periodo 2003-2007.

JERARQUIZACIÓN DE LA ACTIVIDAD CIENTÍFICA y TECNOLÓGICA:

Se incrementó el presupuesto de la Secretaría de Ciencia, Tecnología e Innovación Productiva en más del 540%, lo que llevó los 66 millones de pesos con que contaba en 2003 a 341 millones para el año 2007.Desde el año 2004 se aumentó el 120% en promedio el salario de todos los investigadores del Conicet y se duplicó el monto de los estipendios de las becas doctorales y posdoctorales que otorga esa institución.Se incrementó en un 46% la proporción de becarios e investigadores del Conicet. A partir de 2004, el total de investigadores asignados ascendió un 29% -llegando a un total de 4759 personas- y se incrementó un 98% la cantidad de becarios asignados -llegando a un total 4716-.

EN DEFENSA

REPARACIÓN A LOS EX COMBATIENTES DE MALVINAS:

Aumento del 130% en las pensiones. Integración del Padrón de veteranos de Malvinas a fin de garantizar un amplio acceso a dichos datos, incorporando en los registros datos a sugerencia de organizaciones de veteranos. Incorporación como beneficiarios del PAMI de los veteranos y su grupo familiar , quienes tendrán acceso a las prestaciones de salud de las Fuerzas Armadas.

LUEGO DE 18 AÑOS SE REGLAMENTÓ A TRAVÉS DEL DECRETO 727/06 LA LEY DE DEFENSA NACIONAL:

Central para alcanzar una necesaria planificación conjunta en materia de organización, despliegue geográfico, entrenamiento, y adquisiciones de armas y equipos, fortaleciendo de manera significativa el rol del Estado Mayor Conjunto.

Se determina claramente como responsabilidad primaria de las Fuerzas Armadas la defensa de nuestra soberanía y la integración territorial ante agresiones militares estatales y la no intervención en cuestiones de seguridad interior.

REFORMULACIÓN INTEGRAL DE LA DOCTRINA DE INTELIGENCIA MILITAR:
Incorporando lineamientos y objetivos acordes al marco democrático e institucional, efectuándose la revisión integral de todos sus reglamentos y manuales.

TRASPASO DEL COMANDO DE REGIONES AÉREAS A LA ESFERA CIVIL:
Contribuyendo a su profesionalización y adaptación a los estándares internacionales. En esta dirección fue transferido el Servicio Meteorológico Nacional a la órbita del Ministerio de Defensa.

En INTERIOR

GRATUIDAD DEL PRIMER DOCUMENTO NACIONAL DE IDENTIDAD (DNI), PARA TODOS LOS NIÑOS DE CERO A SEIS MESES CREACIÓN DEL CONSEJO FEDERAL DE ASUNTOS MUNICIPALES.

La creación de este Consejo cumple con el objetivo estratégico de impulsar el afianzamiento de la relación entre las distintas instancias de gobierno, en pos de un desarrollo más equilibrado e integrado del territorio nacional y en apoyo a la difícil y fundamental labor que están desarrollando los municipios argentinos en la actualidad.

INCREMENTO DE LA POBLACIÓN MIGRANTE DOCUMENTADA

En todo el país en 394.484 personas a partir del desarrollo del Programa Nacional de Normalización Documentaria Migratoria MERCOSUR, del diseño e implementación del sitio web Patria Grande destinado a la realización de consultas y de la instrumentación de circuitos de trabajo específicos. De esta manera, fue posible regularizar precariamente 323.281residentes, destacándose la articulación con 297 municipalidades e instituciones no gubernamentales de todo el país; otorgar 2.912 residencias temporarias y permanentes provenientes del MERCOSUR y países asociados, y 18.291 residencias a migrantes extra MERCOSUR.

INFORMATIZACIÓN DE NUEVOS PASOS FRONTERIZOS:

Mediante la implementación S.I.Ca.M ONLINE, continuando con lo realizado en años anteriores en el Sistema Aeroportuario Nacional, puertos y pasos terrestres.

En **MEDIO AMBIENTE**

INCORPORACIÓN DE LA SECRETARÍA DE AMBIENTE Y DESARROLLO SUSTENTABLE, AL ÁMBITO DE LA JGM.

Constituye una decisión de máxima importancia institucional y política, en la medida que la preservación del ambiente constituye un aspecto fundamental de la agenda política internacional con impactos crecientes en el territorio nacional.

SANEAMIENTO AMBIENTAL DE CUENCAS COMPROMETIDAS AMBIENTALMENTE

Establecimiento de una política unívoca sobre los recursos de las cuencas y coordinando las acciones necesarias para su saneamiento, mediante un diseño institucional que permite contener a todos los niveles estatales existentes en éstas. En ejecución Cuenca Río Salí (Tucumán) y Cuenca Matanza Riachuelo (Provincia de Buenos Aires - Ciudad Autónoma de Buenos Aires).

FIRMA DEL ACTA DE GUALEGUAYCHÚ.

Acuerdo suscripto por los gobernadores de veinte provincias: Entre Ríos, Buenos Aires, Catamarca, Córdoba, Corrientes, Chaco, Chubut, Formosa, Jujuy, La Pampa, La Rioja, Mendoza, Río Negro, Salta, San Juan, Santa Cruz, Santa Fe, Santiago del Estero, Tierra del Fuego yTucumán, que profundiza el compromiso federal del Estado en las acciones concretas de preservación y sustentabilidad del ambiente.

PRESENTACIÓN, ANTE LA SUPREMA CORTE DE JUSTICIA DE LA NACIÓN, DEL PLAN INTEGRAL CUENCA MATANZA RIACHUELO:

Emprendimiento conjunto de saneamiento ambiental entre los gobiernos Nacional, de la Provincia de Buenos Aires y de la Ciudad Autónoma de Buenos Aires, que atiende la contaminación que afecta a la cuenca desde distintos aspectos.
Fundamentalmente el social, el ambiental, y el económico.

EJECUCIÓN DEL PROGRAMA NACIONAL PARA LA GESTIÓN INTEGRAL DE RESIDUOS SÓLIDOS URBANOS: En procura de mejorar la salud pública y calidad de vida de la población, reduciendo contaminantes y vectores de enfermedades. Creación de la Unidad de Gestión Ambiental de la Actividad Minera mediante la Resolución Nº 543 del 29 de noviembre del 2006, con el fin de responder Memoria detallada del estado de la Nación 2006 Jefatura de Gabinete de Ministros 8 de manera integral y coherente a la problemática relacionada con el impacto ambiental de esta actividad que se encuentra en rápido crecimiento en el país.

Publicado por Brevemente.

JULIO 25, 2015
Nuevas instalaciones del Centro Articulador de Políticas Sanitarias de Río Gallegos

Inauguramos el Centro Articulador de Políticas Sanitarias en la capital de Santa Cruz. Tiene 1.350 metros cuadrados, y contó con una inversión total por parte del Estado nacional de 17 millones de pesos.

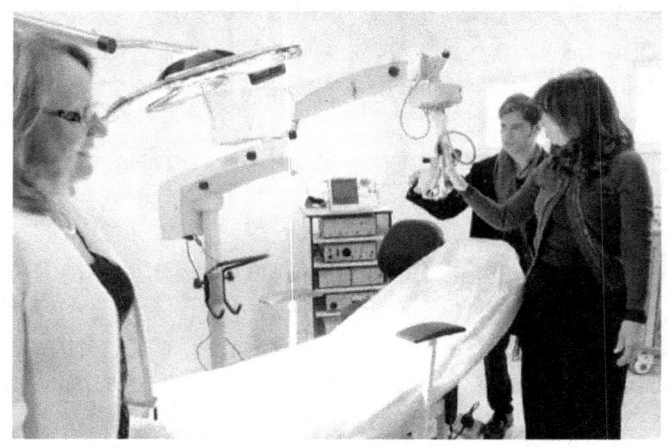

Inauguramos el Centro de Atención Primaria de la Salud Doctor Peliche. Esto fue abierto en el año 2012, ahí teníamos un vacunatorio, cinco consultorios y nada más, en un inmueble alquilado; **hoy tenemos un inmueble nuevo de más de 1.300 metros cuadrados**, (Click + Control) que cuenta con modernísimas instalaciones. Tiene 9 consultorios médicos, 3 consultorios odontológicos, pero no cualquier consultorio odontológico, son 3 consultorios de última generación, no solamente porque se hacen las prótesis y se pueden hacer operaciones también porque cuentan con un quirófano sino también porque han implementado un sistema alemán, donde se puede reconstruir la dentadura de una persona en una sola operación, en un solo día de actividad de los profesionales.

Cuenta además con vacunatorio, con farmacia, con quirófano para cirugía ambulatoria, para extracción, enfermería, servicio de radiología, mamografía y ecografía de última generación, laboratorio óptico y sala de ciber salud. Cuando fui recién me comuniqué, a través de la sala, es una muy grande para que puedan trabajar los profesionales, en forma simultánea con Buenos Aires, donde está el núcleo, el nodo central del sistema de cibersalud, y al mismo tiempo me conecté con el hospital de Puerto Deseado, con el hospital de Los Antiguos, con el hospital de El Calafate y con el Hospital Militar, todos de esta ciudad. Esto permite el sistema de ciber salud, al que ya están conectados muchísimos hospitales de todo el país, hacer interconsultas, porque obviamente este Centro de Atención Primaria de Salud tiene una complejidad 3, pero se pueden presentar patologías o casos que exijan una interconsulta con centros urbanos y esto se hace en forma inmediata. Nuestra idea es que todos los hospitales públicos y centros primarios de salud estén comunicados a través de este sistema de ciber salud, que es conectividad absoluta en materia de salud pública y elevar el piso de la salud pública para también exigirle al sector privado que tenga mayor nivel todavía de ser posible.

Vamos a hacer muchas más cosas todavía, porque nunca cambiamos de ideas para que nos voten.

El Centro Articulador de Políticas Sociales, Río Gallegos

El Centro Articulador de Políticas Sanitarias (CAPS) nació en agosto 2012 mediante decreto 1439/2012 con el fin de desarrollar acciones directas de Abordaje Sanitario Territorial a los efectos de coadyuvar al sistema de Salud Pública en todo el Territorio Nacional.

tenemos
patria

Ministerio de
Salud

Presidencia
de la Nación

Competencias del Centro Articulador de Políticas Sanitarias

❑ Actividades de capacitación e investigación en salud
❑ Actividades de promoción y prevención en salud,
❑ Actividades asistenciales
❑ Coordinación y promoción de Gestión Territorial y Equidad en Salud, en otras localidades de Santa Cruz como: Piedra Buena, Rio Turbio, Calafate, San Julián, Las Heras, Caleta Olivia, Gob. Gregores y otros sitios de la Patagonia que han firmado convenios con el Ministerio de salud de la Nación.

tenemos
patria

Ministerio de
Salud

Presidencia
de la Nación

131

En 2012 contaba con **1 vacunatorio** y **5 consultorios** de

- ❏ Ginecología.
- ❏ Oftalmología
- ❏ Pediatría
- ❏ Odontología
- ❏ Clínica médica

Orientados a atender a la población más vulnerable y con un amplio horario de atención de 8 a 20 hrs.

tenemos patria

Ministerio de Salud

Presidencia de la Nación

Inauguración del nuevo establecimiento
de 1.350 m2

- ❏ 9 Consultorios médicos
- ❏ 3 Consultorios odontológicos
- ❏ Vacunatorio
- ❏ Farmacia
- ❏ Quirófano para cirugía ambulatoria
- ❏ 2 Salas de extracción
- ❏ Enfermería
- ❏ Servicio de radiología, mamografía y ecografía
- ❏ Laboratorio óptico
- ❏ Laboratorio de prótesis dentales con la más moderna tecnología
- ❏ Sala de CiberSalud
- ❏ Área administrativa

 tenemos patria   Ministerio de Salud

 Presidencia de la Nación

El Centro Articulador de Políticas Sociales, Río Gallegos

❑ Inversión en Equipamiento: $ 4.000.000.

❑ Inversión en Obra: $ 13.000.000.

❑ Inversión Total: **$ 17.000.000.**

 tenemos patria   Ministerio de Salud    Presidencia de la Nación

ARTICULACION CON OTROS MINISTERIOS

Ministerio de Planificación Federal: "Plan Federal de Medicina Nuclear" (construcción de un centro en Rio Gallegos) y "CiberSalud" Instalación de 14 equipos de Videoconferencia en establecimientos de Salud para 12 de los 14 hospitales de la provincia.

Ministerio de Desarrollo Social de la Nación: "Programa Cirugía Patria Solidaria", el cual evaluó a 76 pacientes de Rio Gallegos, Pto Santa Cruz y Piedra Buena, habiendo operado en una primera etapa, ya a 44 de los mismo.

 tenemos patria   Ministerio de Salud

 Presidencia de la Nación

ARTICULACION CON OTROS MINISTERIOS

Ministerio de Defensa: Acuerdo con el Hospital Militar Rio Gallegos, para que abra sus puertas a la comunidad.

Agencia de Administración de Bienes del Estado: Se realizaron los pedidos y gestiones para asignar:

❑ el terreno para las nuevas Instalaciones del Centro Articulador.

❑ el Terreno para la Construcción del Hospital Materno Infantil en Río Gallegos.

❑ las Instalaciones de la Base Regional Patagonia Sur (hangares en la base de FFAA)

❑ el terreno para la Construcción del Centro de Medicina Nuclear y Radio Terapia en Rio Gallegos.

 tenemos patria   Ministerio de Salud    Presidencia de la Nación

Notas Relacionadas(Click + Control)

- Nuevo Hospital Materno Infantil de Alta Complejidad de Río Gallegos

-

- Nuevas obras de PAMI en el ex Hospital Francés

-

- Inauguramos nuevas instalaciones del INVAP, el CEATSA en Bariloche

136

AGOSTO 1, 2015

Llegan los sueños, las esperanzas y el futuro. Todo junto, como corresponde

Primer embarque de maquinaria destinada a la construcción de las represas Néstor Kirchner y Jorge Cepernic, recibimos el primer tomógrafo PET RMN de América Latina, hoy entró en vigencia el Nuevo Código Civil y Comercial.

Habla Cristina:

¡Llegaron a Punta Quilla! ¿Quiénes CFK y qué es Punta Quilla? Llegaron los sueños de generaciones y generaciones de santacruceños. Y Punta Quilla es el puerto ubicado en la desembocadura del Río Santa Cruz, el que va a alimentar las represas Néstor Kirchner y Jorge Cepernic.

1740 Megavatios hidroeléctricos para los 40 millones de argentinos. AK están desembarcando los primeros 53 equipos de maquinaria pesada destinados a la construcción de las represas.

El segundo embarque de 62 máquinas adicionales llegará en septiembre. Restando, a partir de allí, las turbinas, compuertas y elementos propios del funcionamiento del complejo hidroeléctrico. Más energía para todos los argentinos. Para los santacruceños, sueños en marcha…

Y como a los sueños hay que ayudarlos para que se hagan realidad, firmamos el Acuerdo Estratégico Integral con la República Popular China, que hoy nos posibilita la construcción de las represas. Unir fuerzas en un mundo complejo es la clave.

Ah! Me olvidaba. Hablando de llegadas y sueños. También llegaron esperanzas de vida. Estas muy poética hoy… No. Es que me encanta seguir trabajando en todos los frentes. Energía en Santa Cruz para todos los argentinos y salud para la Fundación Escuela de Medicina Nuclear de Mendoza – FUESMEN. No entiendo nada. Te explico:

Aquí estamos recibiendo, también por embarque, el primer PET RMN de América Latina. ¿Y esto que es? El primer tomógrafo por emisión de positrones con resonador magnético integrado instalado en América latina, en el marco de nuestro Plan Nacional de Medicina Nuclear. Los estudios realizados con este equipo arrojan excelentes resultados en la detección precoz y estadificación de tumores malignos, en la planificación de terapias (incluidas las quirúrgicas) y en el control del tratamiento

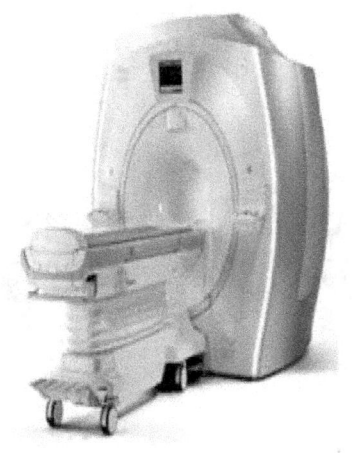

Llegada del
PRIMER PET RMN DE AMÉRICA LATINA

Tomógrafo por emisión de positrones
con resonador magnético integrado

Fundación Escuela de Medicina Nuclear

Acá lo tenés. Tomógrafo por emisión de positrones con resonador magnético para la obtención de imágenes anatómicas y funcionales 2D, 3D y 4D. Es una técnica no invasiva capaz de medir actividad metabólica, detectando y analizando el comportamiento de un radiofármaco en el cuerpo humano.

Combina el uso de un gran imán y de ondas de radio, que reaccionan con los elementos magnéticos dentro del cuerpo y transmite una débil señal de radio. Esta señal es captada por bobinas específicas a cada región y se traduce en imágenes de acuerdo al estudio solicitado.

Ultimísima generación. Primero en la Argentina. ¿Y va a ser el único? No. Va a haber uno igual en cada uno de los 11 Centros de Medicina Nuclear, que estamos construyendo.

AK va el mapa, ubicación y estado de ejecución de cada uno de los Centros, y las inversiones. El proveedor del tomógrafo es General Electric, empresa multinacional de origen estadounidense y representa una inversión de USD 5 millones. Lo que se dice un mundo multipolar…

Ah! Me olvidaba. Hoy entró en vigencia el Nuevo Código Civil y Comercial. Ya sabés. Los Códigos hasta hoy vigentes en materia comercial y civil eran del Siglo XIX

Notas Relacionadas(Click + Control)

- La CEPAL destaca a la Argentina como el país con más inversión social per cápita en America Latina
-
- Recuerdos del futuro
-
- Futuro para Siempre: Cristina en el lanzamiento de la 5º edición de Tecnópolis
-
- Hoy Estela estará por fin junto a todos sus nietosLes dije, les voy a ir contando todo: Ley de pago soberano local de la deuda exterior de la República Argentina

Delicias de la realpolitik y corporaciones de medios de comunicación

La suerte de algunos. A juzgar por los periodistas y absuelto por sus editores.

Estas son las cartas enviadas hoy por el Ministerio de Relaciones Exteriores de Argentina a la secretaria de Estado estadounidense, John Kerry. También a la Alta Representante de la Unión

Europea para Asuntos Extranjeros y Política de Seguridad, Federica Mogherini, en relación con el artículo publicado en el Wall Street Journal, 27 de julio.

El referido artículo cita: "La Unión Europea, en virtud de los términos del acuerdo nuclear alcanzado con Irán este mes, comprometida con la eliminación de un general iraní se retiró de su lista de sanciones que ha buscado por la Interpol por su presunta participación en un atentado terrorista en la Argentina en 1994 ".

Sr. Vahidi es buscado por la Interpol a petición del Poder Judicial de Argentina como parte de la investigación del atentado a la AMIA ocurrido el 18 de julio de 1994, que dejó 85 víctimas.
Y ya que estamos hablando de artículos- periódico me doy cuenta de que algunos están teniendo dificultades con sus titulares con respecto a este acuerdo nuclear.
Por ejemplo, titular de Clarín de hoy: "El acuerdo nuclear con Estados Unidos traerá más cerca de Irán y Argentina" "obstáculos El acuerdo ha eliminado debido a que uno de los acusados en el atentado a la AMIA ..." (?). Increíble, ¿no? Note la palabra: "Obstáculos"
Scilicet, diario argentino Clarín usa la palabra "obstáculos" para lo que el Wall Street Jornal llama planly - y con mayor precisión - "la eliminación de un general iraní se retiró de su lista de sanciones que ha buscado por la Interpol por su presunta participación en un atentado terrorista en la Argentina en 1994 ".

142

No es que el WSJ no tiene su propia redacción cuestionable. El ex "terrorista" Vahidi ahora se ha convertido para la narrativa medios un "general retirado" (Casi lo saludan). Mientras tanto, su participación en el atentado ya no es "confirmado" (de ahí las críticas a la Argentina por el Memorándum con Irán), sino más bien un "supuesto papel".
La suerte de algunos. A juzgar por los periodistas y absuelto por sus editores.Delicias de la realpolitik y medios corporaciones.

La suerte de algunos. A juzgar por los periodistas y absuelto por sus editores. Delicias de la realpolitik y medios corporaciones.

Usted seguramente recuerda cuando Clarín y sus medios de comunicación "satélites" y los políticos, es decir, los opositores, declaró que el propósito de la exposición era eliminar Interpol alerta roja? Por supuesto, no estaban solos, algunos líderes comunitarios dijeron lo mismo.
¿Qué hacer ahora con todas las mentiras publicadas, las fábulas propagan, y las instrucciones seguidas?
Lo que hay que hacer, cuando los instructores internacionales cambian de opinión con facilidad, de los enemigos a los amigos? No hay mucho a diferencia de Clarín, de verdad.

¿Recuerda el discurso a la Nación en el Honorable Congreso el 1 de marzo de este año?
Entre muchas otras cosas relacionadas con la AMIA y los acuerdos internacionales, le dije:

"Es claro que nunca que la AMIA se ha convertido en un tablero de ajedrez de la política nacional e internacional. Porque ahora mismo, en caso de que alguien se lo perdieron, los EE.UU. están negociando con la República Islámica de Irán un acuerdo nuclear; con una fuerte oposición por parte de un sector del Partido Republicano, con una fuerte oposición por parte del Estado de Israel, que incluso llevó a una disputa entre el presidente Barack Obama y el presidente Netanyahu, como el último en su condición de Presidente de Israel abordó el Parlamento estadounidense. Nadie pone estas cosas juntas? ¿Alguien puede pensar un poco más allá de lo que Clarín dice o lo que le conviene para las próximas elecciones? Tenemos que pensar un poco más. Piense un poco más acerca de nuestro país ".

Dije estas cosas hace casi cinco meses en la televisión nacional. ¿Premonitorio?

No. FORESEER? No. Sólo observando lo que está pasando dentro y tratar de entender lo que sucede en el mundo, ya que los países cambian sus intereses.

En resumen, todo lo que algunas personas en nuestro país parecen ignorar o no ser capaz de darse cuenta, o peor, que lo sé, pero optan por mentir al respecto. En cuanto a los intereses de Argentina? Bueno, gracias por nada.

Para algunos es una simple regla: Primero se oponen, entonces ellos mienten, y luego, cuando más cerca de las elecciones, si les conviene, que acaba de cambiar de opinión.

Para algunos es una simple regla: Primero se oponen, entonces ellos mienten, y luego, cuando más cerca de las elecciones, si les conviene, que acaba de cambiar de opinión.

Sin embargo, puedo pensar en un titular que se adapte a lo que está pasando en el mundo: "Debido a la grave situación en Oriente Medio, Estados Unidos firma acuerdo nuclear con Irán". Quiero decir, la República Islámica de Irán. Y fíjate, no estoy criticando el propio acuerdo. Por otra parte, cuando se hizo pública, nuestro gobierno decidió apoyarlo, con la convicción y la comprensión de que el diálogo y la solución pacífica de las controversias internacionales son la única manera de construir un mundo más justo basado en la ley y no en el poder militar.

En unos pocos días en nuestro país comienza el juicio por el encubrimiento del atentado a la AMIA. 21 años pasados, no hay arrestos, condenas. 85 víctimas y sus familias siguen esperando por la verdad y la justicia.

Notas Relacionadas (Click + Control)

- Cuando me desperté hoy ...
-
- Las fechas, hechos y estrategias. Argentina y la AMIA como daños colaterales del problema del Medio Oriente

-
- Panel del Senado estadounidense por unanimidad Backs modificado factura Irán

-
- Netanyahu dijo el gabinete: Nuestro mayor temor es que Irán cumplirá acuerdo nuclear

JULIO 29, 2015

Delicias de la Real Politik y las corporaciones mediáticas.

Vahidi es buscado por Interpol, a requerimiento de la Justicia argentina, por el atentado de la sede mutual de la Asociación Mutual Israelita Argentina (AMIA)

Nota del Ministerio de Relaciones Exteriores y Culto de tu País, la República Argentina al Secretario de Estado de EEUU, John Kerry y a la Alta Representante de la Unión Europea para Asuntos Exteriores y Política de Seguridad, Federica Mogherini, con motivo del artículo publicado en el Wall Street Journal del día 27 de julio, en el que se revela que en virtud del Acuerdo Nuclear firmado entre la República Islámica de Irán y los EEUU, además de Reino Unido, Francia, Rusia, China y Alemania.

La Unión Europea se habría comprometido a eliminar de su lista de sanciones al ex Ministro de Defensa iraní, Ahmad Vahidi.

El Sr. Vahidi es buscado por Interpol a requerimiento del Poder Judicial de la República Argentina en el marco de la Causa Judicial en la que se investiga el atentado a la AMIA ocurrido el 18 de julio de 1994, y que costara la vida a 85 personas.

Notas dirigidas al secretario de Estado de los Estados Unidos de América, John Kerry, y a la Alta Representante de la Unión Europea para Asuntos Exteriores y Política de Seguridad, Federica Mogherini, en relación con los acuerdos firmados con la República Islámica de Irán y su posible implicancia para la causa AMIA.

Hablando de artículos de diarios, vinculados con ésta cuestión. Algunos ya no saben qué título ponerle a lo que está sucediendo.

Y sino, mirá el título de Clarín: "El acuerdo nuclear con EE.UU. acerca a Irán con la Argentina" (¿?). Y en la bajada: "El convenio quitó trabas a uno de los acusados por la AMIA…". ¿No es increíble? ¿Viste el término que utilizan? "Trabas".

Llaman "trabas" a lo que el Wall Street Journal llama por su nombre: "Eliminan de la lista de sancionados a un General iraní retirado que es buscado por Interpol por su presunto rol un atentado terrorista en la Argentina en 1994."

El Wall Street Journal tampoco se queda atrás. Le compite a Clarín. Vahidi paso de terrorista a General retirado (casi le hacen la venia). Y su participación en el atentado, pasó de estar "confirmada" (por eso criticaban a la Argentina por el Memorándum), a ser un "presunto rol".

Qué suerte que tienen algunos. Que los juzgan los diarios y los absuelven sus editores. Delicias de la Real Politik y las corporaciones mediáticas.

¿Te acordás cuando Clarín y sus satélites mediáticos y políticos, es decir la oposición, decían que el Memorándum era para levantar las medidas de Interpol? Bueno, no sólo ellos decían eso. Alguna dirigencia comunitaria también…

¿Sabés que pasa? Se les quemaron todos los papeles. No del diario, sino de las mentiras que publicaron, las fábulas que difundieron, o las instrucciones que siguieron. Es que los instructores internacionales cambian de opinión. De amigos a enemigos con mucha facilidad. Casi como Clarín… ¿Te parece tanto? No, tenés razón. Como el monopolio imposible.

¿Vos tenés el mensaje que dirigí al Pueblo de la Nación ante la Honorable Asamblea Legislativa el 1ro de Marzo de este año?

Si lo tenés en el librito que se imprimió, fíjate lo que sostuve en esa oportunidad (pag. 133).

Ah, ¿no lo tenés?. Entre otras muchas mas cosas vinculadas a la AMIA y a los Acuerdos Internacionales, dije lo siguiente: "Es más claro y

148

evidente que nunca que AMIA sigue siendo un tablero de la política nacional e internacional, porque en estos momentos, por si nadie se dio por notificado, EEUU está negociando con la República Islámica de Irán un acuerdo nuclear; con fuerte oposición de un sector del Partido Republicano, con fuerte oposición del Estado de Israel, que se opone enfáticamente e inclusive motivó un entredicho entre el Presidente Barak Obama y el Presidente Netanyahu, por la visita del Presidente de Israel al Parlamento (de EEUU). ¿Nadie une las cosas? ¿Nadie puede pensar un poquito más allá de lo que dice Clarín o de lo que le conviene para la próxima elección?. Hay que pensar un poco más. Hay que pensar un poco más en el País."

Esto lo dije hace casi 5 meses por cadena nacional. ¿Premonitoria? No. ¿Vidente? Tampoco...

Sólo observando lo que sucede y tratando siempre de entender la geopolítica. ¿La qué? Bueno... lo que pasa en el mundo...

Cómo se mueven los países, los intereses. En fin, todo lo que algunos en nuestro país parecen ignorar o no quieren ver, o peor aún, lo saben y no lo dicen. Lo conocen pero mienten. ¿Los intereses de la Argentina? Para ellos... bien, gracias.

Ya se sabe: Primero hay que oponerse, después hay que mentir, y después, cerca de las elecciones, si les conviene, cambiar...

Sin embargo, sé que título ponerle a lo que está pasando en el mundo: "Debido a la grave situación en Medio Oriente EEUU acuerda con Irán." Perdón, con la República Islámica de Irán. Y ojo al piojo, que no critico el Acuerdo. Es más, cuando se hizo público, nuestro Gobierno tomó la decisión de apoyar el mismo, por convicción y por comprensión.

Es que estamos convencidos que sólo el diálogo y la resolución pacífica de controversias internacionales son el único camino en la construcción de un mundo más justo basado en el derecho y no en la potencia de las armas.

En unos días más comienza en nuestro país el juicio por encubrimiento del atentado a la AMIA. Es que todavía, a 21 años del atentado, no hay ningún detenido ni condenado. Las 85 víctimas y sus familiares siguen esperando Verdad y Justicia.

Notas Relacionadas (Click + Control)

- El Papa que las corporaciones mediáticas no publican, pero los pueblos del mundo escuchan
-
- Cristina, Agustín, Mara y la vida real
-
- Vida real para todas y todos
-
- Las netbooks de Conectar Igualdad en la vida real
-
- Los papeles de Nisman

Fábrica de mentiras y operaciones políticas: Clarín & La Nación Corp.

El tiempo vale mucho y vale la pena explicar documentadamente cómo se fabrica una mentira. Fábrica de mentiras y operaciones políticas: Clarín & LaNación Corp. Atienden las 24hs del día, los 365 días del año. Tienen sucursales, pero son menores. ¿De qué hablás CFK? Hablar, lo que se dice hablar, no hablo. Estoy con laringitis aguda.

Y los médicos me suspendieron las actividades por 48hs. Pero por suerte tengo más tiempo para leer y escribir. Hoy Clarín, pág. 11, título: "Crece la polémica por el acto de hoy de Cristina en Puerto Madryn". Y agregan en la bajada "las razones" de la supuesta polémica: "Primero adelantó el festejo de un aniversario...", "Ahora decidió relegar del homenaje al Intendente aliado a Das Neves". El artículo lo firma el "corresponsal" de Clarín, Carlos Guajardo, operador mediático histórico de Mario Das Neves, el rival para la gobernación del Gobernador Martín Buzzi.¿No será mucho lo de Guajardo y Das Neves? No, en Chubut lo saben hasta las piedras.

Te explico: mañana 28 (de julio) se cumplen 150 años de la llegada de los primeros galeses a Chubut. Y el Gobernador decidió hacer una fiesta provincial el día hoy, para que mañana, como es costumbre, se festeje en cada pueblo. Y me invitó, como Presidenta, a participar el día de hoy, ya que sería imposible estar en los distintos pueblos al mismo tiempo.

¿Qué inventó Clarín esta vez? Que yo le había pedido al Gobernador que adelantara la fecha del festejo. Ridículo. Es como si dijeran que le pido al Gobernador de Mendoza que adelantara la fiesta de la Vendimia. Las fiestas provinciales, en todos lados, siempre las organizan las autoridades provinciales. Si, claro. Siempre fue así. ¿Sabés que difundían?

Que supuestamente yo estaba el fin de semana en Santa Cruz y no podía quedarme hasta el martes. Pero, por si fuera poco, Clarín agrega textual: "Y además ayer se conocieron curiosas exigencias de la Presidenta...". "Para el acto que se realizará a partir de las 18 en el gimnasio del club Deportivo Madryn". ¿Y cuales eran "tus exigencias" CFK?

Agarráte porque no lo vas a poder creer: 1) que el Intendente de Madryn no me podía recibir en el Aeropuerto, 2) que no podía hablar en el acto, 3) que en caso de tener que regalarme algún presente, este debía ser revisado por custodia, 4) que recién después yo aprobaría si recibía el supuesto regalo. No se puede creer tanto invento, tanta mentira descarada... 5) "que la custodia de Cristina aseguró que prefieren vidrios polarizados para el traslado desde el aeropuerto... ", "Y que en lo posible eviten las personas al costado del camino durante el trayecto." ¿Te das cuenta?

Estos tipos tienen cara y lapicera de piedra. Los presuntos pedidos son el perfecto manual de actos Anti-K. ¿Alguien con sentido común puede creer que la Presidenta de la Nación le va a prohibir a un Intendente ir a recibirla al aeropuerto de su ciudad? Además, como se trata de una fiesta provincial, los oradores del acto los deciden las autoridades provinciales.

¿Custodia y seguridad, conmigo que me encanta treparme a las vallas en todos los actos públicos para saludarlos a todos? ¿No me vieron, siempre entre la gente, recibiendo desde rosarios hasta bolsitas con regalos para Néstor Iván o para mí? ¿Vidrios polarizados y que no haya gente al costado de los caminos? Pero si todo el país sabe que cuando llego a cada provincia, voy en la traffic con medio cuerpo afuera saludando a todo el mundo por las calles y al costado del camino, porque me encanta.

No se puede mentir tanto. Con tanto registro visual y fotográfico de todas mis actividades. En Chubut el Gobernador Buzzi me pidió que cerrara el acto como Presidenta. Por la laringitis no pude ir y viajaron el Jefe de Gabinete, Aníbal Fernández, el Secretario General de la Presidencia, "Wado" De Pedro, el Secretario Legal y Técnico, Carlos Zannini y el Vicecanciller Eduardo Zuain. Aclaro que Timerman no pudo viajar por su intervención quirúrgica. No sea cosa que después escriban cualquier cosa. No te olvides que también va a estar presente.

El Primer Ministro de Gales. Primera visita en 14 años de funcionario británico de alto rango. Una verdadera pena no haber podido viajar. Para mis queridos patagónicos chubutenses y comunidades galesas, un fuerte abrazo. Para el Primer Ministro de Gales una cálida bienvenida a esta tierra de integración y diálogo.

Bueno CFK. ¿Para que metiste en el baile a La Nación? No, se metió sola. ¿No me crees? Fíjate en la pág. 7, en la sección "En Off"... Foto de mi mamá y título: "Regreso anticipado. La Presidenta debió volver por su madre". Te la hago corta. Dicen que yo "tenía pensado pasar el fin de semana completo en Santa Cruz..."

"Y desde ahí, casi de paso, volar a Puerto Madryn para el acto de hoy" (el subrayado me pertenece). Atribuyendo mi "regreso anticipado", a mi madre enferma de cáncer. El cinismo, la maldad y la mentira, sin fronteras periodísticas ni límites humanos...

¿Te das cuenta lo que intentaron hacer? Hacerle creer a los chubutenses que el festejo se hacía el día 27 porque yo iba "de paso" volviendo de Santa Cruz. Cuanta basura. ¿Sabés por que no puedo pasar un fin de semana completo en ninguna parte? Por algo muy sencillo, humano y hermoso. Mi hija Florencia, que está embarazada, en cualquier momento da a luz. Y no quiero estar mas de 24 hs. fuera de Olivos. En Brasil, por el Mercosur, estuve un día. En Paraguay, con la visita del Papa, menos de 24 hs. Me desespera la sola idea de no estar junto a Florencia cuando llegue la bebé.

154

Te adelanto los títulos de mañana de Clarín&LaNación Corp.: "Catarata de Tweets". "Ahora Cristina dice"... Ya sé lo que me vas a decir. CFK tenés razón, pero para que escribis tanto si todos los días hacen lo mismo: Mienten, inventan, calumnian. Bueno... Es que no siempre tengo laringitis con suspensión de actividades. El tiempo vale mucho y vale la pena explicar documentadamente cómo se fabrica una mentira.

Notas Relacionadas (Click + Control)

- Seychelles, la "corrupción K", más mentiras y agravios de Clarín
-
- Muerte, mentiras y otras palabras que empiezan con la letra m.

JULIO 24, 2015

Nuevo Hospital Materno Infantil de Alta Complejidad de Río Gallegos

Hoy anunciamos la pre adjudicación del Hospital Materno Infantil de Río Gallegos, con más de 16.000 metros cuadrados. Va a estar ubicado sobre la avenida Riquez.

Ustedes saben cómo hacemos los hospitales cuando los hacemos, y esto va a significar además descomprimir la presión sobre el Hospital Regional y de esta manera que los crónicos vayan al Hospital Regional y

precisamente todo lo que sea neonatología, maternidad y salud materno infantil tenga su propio centro moderno, les reitero de más de 16.000 metros cuadrados.

Notas Relacionadas **(Click + Control)**

- Nuevo edificio del Hospital Materno Infantil "Dra. Teresa Germani" en La Matanza
-
- Pusimos en marcha el Hospital de Cuenca Alta – Cañuelas "Dr. Néstor C. Kirchner"
-
- En Posadas, Misiones, inauguramos el hospital pediátrico Dr. Fernando Barreyro
-
- Nuevas instalaciones del Centro Articulador de Políticas Sanitarias de Río Gallegos
-
- Hospital El Cruce de Florencio Varela fue nominado como el quinto hospital más importante de Latinoamérica

JULIO 24, 2015

Autorizamos nuevas obras para los aeropuertos de Trelew y Comodoro Rivadavia

El Gobernador de Chubut, Martín Buzzi, recibió de manos de la Presidenta la autorización del Organismo Regulador del Sistema Nacional de Aeropuertos (ORSNA) para el inicio de obras de las nuevas terminales de Comodoro Rivadavia y Trelew.

Nueva terminal de pasajeros en Comodoro Rivadavia (Chubut)

La nueva Terminal se implantará en el espacio ocupado por la terminal existente la que se demolerá en distintas etapas a fin de mantener el confort del pasajero y la correcta operatoria de la Terminal.

La obra cubrirá la demanda futura de este aeropuerto que superó en 2014 el medio millón de pasajeros.

Superficie cubierta: 6. 500 m2
Volumen único configurado en dos plantas.

Refacción y ampliación del Aeropuerto Almirante Zar Trelew (Chubut)

Obra autorizada por el Organismo Regulador Del Sistema Nacional De Aeropuertos

Plazo de Obra: 320 días

Inversión: $162.438.313 – Empresa Aeropuertos Argentina 2000

La obra será financiada mediante el FIDEICOMISO de Fortalecimiento Del Sistema Nacional De Aeropuertos del ORSNA.

Notas Relacionadas(Click + Control)

- Obras para Chubut: vialidad, saneamiento y aeropuertos
-
- Discurso de Cristina en Comodoro Rivadavia, Chubu

Presidencia de la Nación **ORSNA** Organismo Regulador del Sistema Nacional de Aeropuertos

g) Instalación Nuevo Balizamiento Alta Intensidad Pista 06-24

Incluye la provisión e instalación de los siguientes elementos:

1. Balizas de borde de pista
2. Balizas de umbral / final de pista
3. Balizas de borde de rodaje
4. Letreros de señalización en los rodajes A, B, C y en la plataforma.
5. Sistema de Aproximación de Pista (ALS) en cabecera 24.
6. Sistemas PAPI (indicador de pendiente de aproximación) en ambas cabeceras.
7. Ejecución de Subestaciones Transformadoras (SET)
8. Sistema de monitoreo y control en Torre de Control.
9. Repotenciación eléctrica/grupo electrógeno/Inversión Directa de la Empresa Aeropuertos Argentina 2000, en el marco de sus compromisos de inversión asumidos en el contrato de Concesión del Grupo "A" del SISTEMA NACIONAL DE AEROPUERTOS.

Notas: (Click + Control)

Nuevas obras para la Ciencia y la Tecnología en Tucumán

Nuevas obras para Santiago del Estero
• Informe nuevas formaciones para la línea de Ferrocarriles Mitre

JULIO 23, 2015
Nuevo Sistema de Simulación de Conducción Ferroviaria

La incorporación de las nuevas tecnologías permitirá reducir el riesgo de accidentes.

El Sistema de Simulación de conducción ferroviaria ha sido instalado en el complejo edilicio del Centro Nacional de Capacitación Ferroviaria (CE.NA.CA.F.), sito en la localidad de Temperley, Lomas de Zamora, Provincia de Buenos Aires.

Inversión de € 2.999.999.

Consta de:

• 3 PUESTOS DE FORMACION O SIMULADORES RÉPLICA:

Recrean en forma total la cabina de conducción del material rodante adquirido a las empresas chinas.
• 4 PUESTOS DE INSTRUCTOR:

Con capacidad para controlar cualquier número de Puestos de Formación (PF) de manera simultánea.

• 8 PUESTOS DE FORMACION SIMPLIFICADOS:

Cuentan con pantallas táctiles que emulan los controles de las cabinas de conducción (Permiten una capacitación óptima, pero sin el grado de inmersión que proporciona una cabina réplica).

• 2 PUESTOS DE OBSERVACION:

Permiten la observación de la sesión de simulación a

160

un grupo de alumnos, en tiempo real o en modo repetición.

¿Cómo funciona?

Ofrece toda la variedad necesaria en la simulación de los escenarios y situaciones reales a los que se enfrenta el personal de conducción, tanto en condiciones espaciales como temporales y tanto en condiciones normales como en condiciones extraordinarias. Permitirá la simulación de situaciones poco frecuentes o de una complejidad específica.

Los simuladores cuentan con un magnífico potencial pedagógico, ya que:

◘ Facilitan la concentración

◘ Incrementan la comprensión e implicación

◘ Favorecen la retención

◘ Fortalecen la autoconfianza

◘ Rebajan resistencias

◘ Refuerzan la capacidad de autocrítica

◘ Incentivan el pensamiento creativo

◘ Optimizan la capacidad para planificar, tomar decisiones y resolver problemas.

Además, se ha puesto en valor el Centro Nacional de Capacitación Ferroviaria.

A la fecha, se ha ejecutado la Primera Parte del Proyecto, que incluyó la construcción de la Sala en donde se encuentra instalado el Sistema de Simulación de conducción ferroviaria

Continúa la ejecución de la segunda etapa de las obras, que comprende la modernización de las Aulas y Talleres de todo el Complejo edilicio, y la construcción de los espacios para nuevos usos, incluido un Auditorium para charlas y eventos.

Notas Relacionadas (Click + Control)

- Inversión en infraestructura ferroviaria y material rodante
-
- Renovación ferroviaria en la Línea Sarmiento
-
- Nuevo sistema para medición federal del rating: SIFEMA
-
- Inversiones del Estado Nacional en el Sistema Ferroviario Argentino (2013-2015) Energía: Un laboratorio para mejorar el sistema eléctrico y una fábrica solar en San Juan

Argentina lanzó el Arsat 2, su segundo satélite de comunicaciones

Fue lanzado desde la plataforma del Centro Espacial de Kourou, en la Guyana Francesa

MIÉRCOLES 30 DE SEPTIEMBRE DE 2015 •

GUYANA FRANCESA.-

La Argentina **lanzó con éxito el Arsat-2.**
Su segundo satélite de comunicaciones
Nuestro país lanzó con éxito su segundo satélite de comunicaciones Arsat-2 a bordo de un cohete europeo. que despegó esta tarde desde la Guyana Francesa.

El cohete Ariane 5 fue el instrumento necesario para llevar a su órbita al satélite geoestacionario Arsat-2 tras su lanzamiento desde la plataforma del Centro Espacial de Kourou, en la Guayana Francesa. La misión, identificada como Va 226, llevó junto al Arsat-2 al satélite Sky Munster, de origen australiano.

En Guayana Francesa ya se encuentra la comitiva oficial argentina, en la que participan el ministro de Planificación Federal, Julio De Vido; el presidente de Arsat, Matías Bianchi; y los gobernadores de Río

Negro y Misiones, Alberto Wereltineck y Maurice Closs, entre otros funcionarios.

El satélite, cuando era armado en Bariloche.Foto:Archivo/Arsat

Con un costo de 250 millones de dólares, (Click + Control)el nuevo satélite argentino ofrecerá cobertura de Internet, datos, telefonía IP y televisión para todo el continente americano, a diferencia del actual y operativo satélite Arsat 1, lanzado el año pasado, que cubre la superficie de toda la Argentina.
El despegue del cohete Ariane que lo lleva al espacio tenía prevista una ventana de lanzamiento de dos horas, es decir, hasta las 19.30.

Una ventana a América

El presidente de Arsat, Matías Bianchi, afirmó que el satélite Arsat-2 que fue lanzado esta tarde desde el centro espacial de Kourou en la Guayana Francesa "completa la cobertura de las órbitas argentinas y su capacidad de transferencia va a ser un fuerte apoyo a nuestra industria audiovisual".

"Para empezar hay un hito que es el segundo satélite geoestacionario que Argentina estaría poniendo en el espacio así que en ese sentido va a ser un día importante, después nos va a quedar un mes de trabajo por delante para llevar el satélite a su órbita".

"Cuando este satélite esté en servicio vamos a haber cerrado un ciclo importante porque vamos a tener ocupada la posición orbital 81ª oeste y con eso cumplimos con el primer objetivo de proteger nuestras posiciones orbitales con satélites hechos en Argentina", enfatizó.

El directivo explicó que "esta plataforma es muy parecida al Arsat-1, pero al ir a la posición 81ª oeste desde la que Argentina tiene autorización a prestar servicio a todo el continente nos da la posibilidad de expansión y brindar conectividad entre cualquiera de los países de América; para eso trabaja sobre la banda C que es la que se usa para transportar contenidos audiovisuales".

"Esto va a potenciar la industria de generación de contenidos audiovisuales; hoy Argentina produce cerca del 60 o 70 por ciento de los contenidos audiovisuales para habla hispana y los mismos van a poder ser exportados a través de un satélite argentino", agregó.

Bianchi evaluó que "hoy el mercado local tiene una demanda de capacidad mucho mayor a la del Arsat-2 y de hecho ya hay otros satélites operando esos servicios; hoy ya tenemos cerca del 30 por ciento de la capacidad del satélite reservada con contratos listos para implementarse".

600.000 horas hombre

El gerente del Instituto de Investigaciones Aplicadas (Invap) (Click + Control), la empresa responsable de la fabricación de los Arsat, celebró que la Argentina esté entre los 10 únicos países capaces de construir satélites en todo el mundo y aseguró que el aparato que será lanzado hoy a la tarde desde la Guayana Francesa llevará "las telecomunicaciones a lugares inaccesibles".
"Brindar telecomunicaciones a lugares inaccesibles no sólo tiene una función social sino que representa un beneficio para Argentina, que recuperará en pocos años la inversión de 250 millones de dólares, el costo total del satélite", dijo Héctor Otegui a Radio Delta, a pocas horas del lanzamiento del Arsat-2.

El titular de la empresa que puso en el espacio hace casi un año al primer satélite geoestacionario para cubrir las necesidades comunicacionales de Argentina y hará lo mismo hoy con Arsat II, con una cobertura mayor, "de polo a polo", precisó que "la facturación por la venta de servicios alcanzará los 600 millones de dólares al cabo de los 15 años que durará la vida útil del aparato.

166

"El Arsat-1 que vende servicios de comunicación desde hace casi un año con una facturación anual prevista de 35 millones por año recuperará la inversión en poco tiempo y lo mismo Arsat-2, que tendrá una cobertura aun mayor", aclaró Otegui.

El gobierno nacional "confió en nuestra materia gris y por esa razón estamos viendo los resultados. Estas tecnologías además- acotó el titular de Invap- crean fuentes de trabajo de alto valor agregado, lo que colabora con el desarrollo económico de nuestro país".

La alta tecnología desarrollada está concentrada "en un aparato de dos, por dos, por cuatro metros, donde están puestas 600.000 horas hombre. Recién ahora somos conscientes por la trascendencia que se le da en el mundo", dijo Otegui, quien manifestó su deseo que este camino "se profundice mucho tiempo más".

Agencias Télam y Dyn

13/08/2015

QUIERO DESPEDIRME CON ESTE DOCUMENTO IMPORTANTE

La Auditoría General aprobó por primera vez de forma unánime la ejecución de presupuesto 2013

LA AGN APROBÓ POR PRIMERA VEZ DE FORMA UNÁNIME LA CUENTA DE INVERSIÓN 2013, LO QUE FUE CALIFICADO POR LA

TITULAR DEL ORGANISMO, VILMA CASTILLO, COMO UN "HECHO HISTÓRICO".

Auditoría General de la Nación

La Cuenta de Inversión es una figura contemplada en la Constitución Nacional que consiste en la presentación de un informe con la ejecución presupuestaria del año, elaborada por la Contaduría General de la Nación y presentada por el Ejecutivo ante una Comisión Mixta Revisora de Cuentas del Congreso, que luego la remite para su aprobación final a la AGN.

"Es la primera vez, según refiere la auditora Vilma Castillo, que se vota por unanimidad", indicó a Télam el senador y presidente de la Comisión Revisora Mixta, Pablo González.

Según el legislador, la tradición de la AGN -presidida por el radical Leandro Despouy- era "abstenerse". Por eso consideró "un paso muy importante" la aprobación unánime dada a conocer el martes pasado, ya que implica que la ejecución presupuestaria correspondiente al 2013 contó por primera vez con el aval de los siete miembros de la AGN, incluidos miembros de la oposición.

"Nuestra intención es que cuando la Presidenta Cristina Fernández de Kirchner termine su gestión podamos haber rendido cuentas de todo el 2013 y el 2014", agregó González.

El titular de la Comisión Revisora explicó además que la información referida al 2015 se entregará a mediados del año próximo.

ANEXO:

Atención: Con ctrl. y click, entrás a ver las notas relacionadas.(que están en celeste)

SITIOS ÚTILES
www.bancomundial.com (Click + Control)

(estadisticas)

PARA AMPLIAR: http://www.cfkargentina.com/
(Click + Control)

TODOS LOS DISCURSOS de Cristina adonde encontrarán más obras.

http://www.casarosada.gob.ar/informacion/discurso s?start=40 (Click + Control)